子どもの学力を伸ばす「黄金の習慣」

今すぐできる家庭学習のヒント

ピーター・フランクル 著

実業之日本社

子どもの学力を伸ばす「黄金の習慣」

はじめに

この本を手にする方々の大半は、おそらく小さな子どもを育てている親だと思われます。古今東西、親の最大の責任は、子どもを社会の良質の構成員に育てること、そして幸せに生きることができる人に育てることでしょう。たとえ目標が同じでも、時代と国によってそれを達成する方法はかなり違います。今の日本が置かれている状況は、イギリスのEU離脱（Brexit、ブレグジット）や、アメリカのトランプ大統領の誕生などに象徴される国際社会の流動性、また四半世紀以上続いている給与所得の低迷などによって、かなり深刻です。だからこそ「わが子をどう育てようか」ということを以前にも増して考える必要があります。

三五年前に初めて日本の土を踏んだ頃がとても懐かしいです。ぼくはまだ二十代でしたが、すでに世界の二十ヵ国を訪れていました。生まれたハンガリーと亡命先のフランス以外はすべて、数ヵ月ないし数週間の滞在でした。日本にも三ヵ月間の滞在予定で、日本の社会や文化については、ほぼ何も知らずに来日しました。しかし滞在中にこの国に惚れてしまいました。その原因は、当時の日本人の素晴らしさでした。一人の無名な外国人に対して示した優しさや、道や店を案内してくれる親切さ、旺盛な好奇心などに感動しました。改札口でチケットを受け取る人、バスの運転手、デパートの販売員など、みんな自分の仕事に誇りを持ち、明るい笑顔で対応してくれました。日本は、この広い世界で社会主義政策に成功した唯一の大国に見えました。

ぼくの祖国ハンガリーは、旧ソ連などとともに「社会主義」を国の名称にも入れましたが、労働者の顔には笑みが見られませんでした。フランスやイギリス、アメリカやカナダでも、その頃すでに貧富の格差を感じました。しかし当時の日本人（の気持ち）はまだ「一億総中流」でした。これは決して結果としての平等ではなく、機会としての平等でした。つまり「一所懸命働く人の努力は報われる。我慢強く真面目に生きている人は周囲に認められる」という考え方でした。日本の長所についてたずねると、多くの人は「才能があって努力すれば、みんな東大に入って官僚を経て国の指導者になるチャンスがある」を挙げました。

一方、現在の親のみなさんは貧富と機会の格差が欧米並みになった今日、自分の子どもを育てなければなりません。もはや日本は、文部科学省や学校、塾の先生に任せれば大丈夫という時代は終わりました。自ら責任を持って子どもを観察しながら、親は先頭に立たなければなりません。実はこうした子どもの教育は苦労ばかりではなく、大切なわが子とともに学んだり、知的な遊びをしたり、出かけたりすることによって、一緒の想い出になり得る多くの可能性を秘めています。

親であるみなさんには、ぜひこの本を読んで、子どもに二一世紀の複雑な世界で役に立つ確かな学力を身につけていただきたいと思います。

子どもの学力を伸ばす「黄金の習慣」　目次

第二章 学力の基礎は日本語にあり……69

第四章 英語はこうして身につけよう……165

カバー・本文デザイン　人見祐之

第一章

学力を伸ばせる親、駄目にする親

01

子どもの教育の責任者は親

時代錯誤は禁物

「はじめに」でも述べたように、「一億総中流」時代の日本は全世界から一目置かれて、国民全体に希望を与える素晴らしい時代でした。経済が力強く成長し続けて、世界中でMade in Japanが最高品質と同意語になっていました。家電メーカーのパナソニック、ソニー、シャープ、東芝などは実力に相応しく、消費者の中で圧倒的な人気を持ちました。

しかし時代はハードからソフトへと変わりました。その時代の幕開けをしたマイクロソフトの創立者ビル・ゲイツ氏は、世界長者番付で一位を守り続けています。二一世紀に入って台頭した会社で、工場一つ所有しないフェイスブックやスカイプやツイッター、またホテルを所有しないＡｉｒｂｎｂ《エアビーアンドビー》、車を保有しないＵｂｅｒ《ウーバー》などが有名でしょう。この類のビジネスで大成功した日本の会社は、今のところＬＩＮＥだけです。一方、前述のパナソニックとソニーは大型リストラ、三洋電機は倒産、シャープは台湾企業に買収され、そして同じく経営不振の東芝は危うい状況に立たされています。もちろん、トヨタ自動車のように立派にがんばって世界をリードする企業もありますが、時代が変わったことには相違ありません。

残念ですが、人間は自分の生きる時代を選ぶことはできません。自分の生き方をその時代に合わせることしかできないのです。

ですから、子どもの親であるみなさんも今の世の中をよく観察して、時代の流れを理解して、二〇年後の日本をある程度予測しなければなりません。よくても悪くても、みなさんの大切な子どもはこの時代に生きて、就学して、明日の日本で活躍することになるからです。

「江戸は素晴らしい街だった。あの頃に生まれたかったな」、「バブルの頃の華やかなＯＬ生活を楽しみたかった」などの空想にふけってもどうにもなりません。「昔はよかった」は各時代の老人の台詞であるはずです。記憶が美化した自分の若い頃を思い出して、孫などに語ったりします。現役を引退した老人はそれでよいでしょう。

しかし親ならもっと建設的な姿勢が求められます。

今はどんな時代？

これは難しい質問で、各々が自分なりの答えを見つけなければなりません。では、ぼくの分析を紹介しましょう。

第一には、ＩＴ革命の時代であります。もはやコンピューター、携帯、スマホなしの生活は不可能です。これは一長一短、よい面も悪い面もあります。よい面は、必要な情報を随時かつ即刻入手できます。

たとえば電車の時刻表です。日本は便利な国で、各駅でそこを発着する電車の小さな時刻表を昔から無料で渡してくれます。しかしそれを見るよりも、スマホで調べた方が便利です。時刻通りなのか、一五分遅れなのかなどもわかります。

ぼくは古い人間で、国内外を問わずどこかへ出かける前には、そこの地図を広げてゆっくり見るのが好きです。何年か前の地図だと、最近開通した道路の記載はもちろんありません。スマホだとそんな心配はありません。しかもカーナビの機能（アプリ）までついています。また行き先の天気を新聞で調べてもよいけれど、何時間か前の情報になります。コンピューターでは○○海岸の風向きや波の高さまですぐ調べられます。

仕事の同僚や家族との連絡も簡単になりました。初来日のとき、父の誕生日にＫＤＤのオフィスまで行って、紙に電話番号を書いて何分間か待たされてやっと話ができました。しかもたったの一〇分で七五〇〇円もかかりました。今ならスカイプなどのアプリで、無料かつ相手の顔も見ることができます。しかし技術の発展によって、交換手という仕事はなくなりました。そして新聞や本を買う人も減りました。

第二の変化は、格差社会の誕生です。社長と社員の給料は昔も違ったのです。しかし、たとえば以前一〇倍だったところは、今や百倍と隔たりは拡大しました。さらに嫌な変化として、雇用の安定がなくなりました。いつでも「来月は来なくてもよい」という弱い立場にある、いわゆる非正規雇用労働者は労働者全体の四割を占めると言われています。労働組合の弱体化も手伝って、正社員の実質賃金も伸びず、常にリストラの恐れもあります。

所得の伸び悩みは、少子化にも拍車をかけます。このメカニズムを少し説明します。

責任感が強い人は、家庭をもうけて子どもを産む前に、自分の経済的状況も考慮します。高度経済成長期のサラリーマンなら、当時かなりきつくても年々月給もボーナスも増えると確信していました。結婚当初は狭いアパートに住んでも、子どもが学校に入る頃はローンを組んでマイホームを購入できると期待していました。その後はローンを払い続けていても、子どもの学費を出せました。そして退職金や年金に関する不安もありませんでした。

非正規雇用労働者は違います。バリバリ働いても給料は増えません。三〇代はそれでも問題ないのです。必要なら空いた時間は他の仕事もできます。しかし四〇代はどんどん疲れを感じ始めて、無理すると身体も壊れてしまいます。ですから、子どもの教育に最もお金が必要な頃は所得が減る傾向になります。そう考えると、なかなか家庭をもうける決断は生まれません。

少子化は社会の高齢化に、それがまた将来への不安と繋がって、悪循環が生じます。

将来に残る職種

この難しい時代に強く生きるためには、自分の子どもをしっかり育てなければなりません。そのために考えたいのは、子どもに将来どんな仕事に就いてほしいかということです。時代が変わると同時になくなるのは、交換手という仕事だけではありません。今は非常に忙しいとされている配達業や運転手の仕事は、いずれなくなるのではないかと思われます。ニュージーランドでは一部の地域でドローン配達が始まっています。車の自動運転の研究も進んでいて、二〇一八年開催予定の平昌オリンピックでは完全自動運転バスで観客を運ぶ計画が立てられているそうです。日本も将来、そうなるでしょう。たとえば、バスの運転手は自分の技術でバスを操るのではなく、せいぜいきちんと動いているか監視するくらいになります。トラックで荷物を運んでいる方も、自動運転によって達成感を得難い仕事になるはずです。レジの仕事もどんどん自動化されて、最近ではスーパーでも自動精算の列もできていますし、大手コンビニエンスストアのローソンでも、完全自動セルフレジ機の本格的な導入が始まるようです。将来的には完全に機械化されるでしょう。

別の例を挙げると、ぼくの両親の友人に車の修理屋がいました。息子も同じ仕事に就き、ハンガリーから旧西ドイツに亡命して、身につけた技術で裕福な生活を送ってきました。けれども、これから車の修理屋という仕事はどれだけ必要とされるでしょうか。というのも、車の質が昔にくらべて非常によくなり、前ほど壊れなくなりました。将来的になくなっていくでしょう。電化製品も同じです。電化製品はとくに値段も下がり、修理を頼むより新品を買い直す方が多くなりました。

今の政権は、どの県でも有効求人倍率が一を超えていると胸を張って言いますが、どの仕事でもそうかというと、それは違います。以前は華やかな仕事とされたＯＬは、消えつつあります。東京でも一般事務員の求人倍率は約〇・四ととても低いです。外国に行くとパスポートをチェックする入国管理局の人の仕事も、将来ＡＩによってなくなると思われます。すでにオーストラリアでは、人の顔を認識するロボットでチェックする実験をやっているそうです。

それでは、どういう仕事が残るのか。

予想するのは難しいですが、二種類の能力を必要とする仕事だと考えます。

一つは、手前味噌ですが、算数・数学的能力。結局、そう簡単には機械やロボットに奪われない仕事は、かなり創造性の高い、深くものごとを考える能力を求められる仕事です。新しい商品の研究や開発をする仕事が挙げられます。

もう一つは、コミュニケーション能力です。ロボットにはできないというだけでなく、人間は他の人との交流を求めていることが最大の原因です。たとえば、機械で髪を切ることも可能でしょうが、美容師とあれこれ話しながら髪型ができ上がる方が楽しいはずです。そこで、ネイリストや美容師や洋服の販売員など、人とのコミュニケーションを仕事の一部としている職業は、将来も残る可能性が高いと考えられます。

そして間違いなく残るのは、医療の仕事です。医療はこの二つの能力が最も合致する仕事で、考える力も患者や同僚とのコミュニケーション能力も必要とされます。

この本では、三つの教科の学習についてくわしく話します。算数・数学は考える力を身につけるために必要となりますが、国語と英語、この両方はまさにコミュニケーションの根本です。親のみなさんには、自分の子どもがこの不確かな時代でも確かな収入を得て楽しく生きるための学力を身につける必要があることを、強く主張したいと思います。

02 お金持ちを目指さない

地方の衰退

二〇二〇年開催予定の東京オリンピックに関連するニュースが報道されない日はありません。日本人がたくさんのメダルを獲得することを楽しみにする人は多いでしょう。一方、東京開催によって地方との格差はさらに広がりそうです。

小池百合子さんが都知事に当選した際、バレーボール、水泳、ボートの三つの競技のために、巨額の資金を使って東京で会場を新設しないと宣言しました。ボート競技の会場を東北に移して、震災からの復興に貢献する案はとくに素晴らしかったです。

しかし結局、競技会場見直し案に関する争いは、小池さんの三戦三敗で終わりました。オリンピックがなくても建設ラッシュが続いている東京は、もはや一つの巨大建設現場になっています。

やはりそもそも、オリンピックを東北で開催すべきだったか、それとも核兵器廃絶を訴えて広島長崎共同開催にしたらよかったと思います。

地方再生の目玉策とも言われる、文化庁の京都移転にもうんざりします。国内外の観光客の増加で、京都は景気がよくて栄えているのです。関西なら、せめて奈良への移転にしてほしかった。地方再生への効果から言えば、もっと思い切った対策、たとえば出雲大社がある島根県への移転などが必要でしょう。

お金持ちは世襲!?

みなさんの中には、可処分所得が増えていないと感じている人も多いでしょう。宝くじでも当たらない限り、普通の人がお金持ちになるのは至難の業です。

お金持ちが多い職業の一つに、政治家が挙げられると思います。ヨーロッパもそうですが、日本とは大きな差があります。日本の有力な政治家は、世襲制と言っても過言ではありません。とくに総理大臣をはじめ、大臣クラスの人たちがそうです。

最近の総理大臣の例を挙げましょう。安倍晋三氏の父親は、ぼくが初めて日本に来た頃に外務大臣だった安倍晋太郎氏ですし、祖父は総理大臣を務めた岸信介氏です。麻生太郎氏の祖父も総理大臣だった吉田茂氏です。福田康夫氏の父も総理大臣を務めた福田赳夫氏です。小泉純一郎氏の祖父は大臣でした（ご存じのように、小泉純一郎氏の息子は自民党の若手議員で最も人気のある進次郎氏です）。

自民党だけではありません。民主党政権時代の総理大臣、鳩山由紀夫氏も、祖父は総理大臣だった鳩山一郎氏です（二〇一六年に亡くなった弟も、大臣を務めた有力な政治家でした）。

第三次安倍改造内閣の大臣についても調べましたが、やはり世襲と言える人が多いです。外務大臣の岸田文雄氏は父も祖父も衆議院議員で、厚生労働大臣の塩崎恭久氏は父も大臣でした。内閣府特命担当大臣の加藤勝信氏の義父は大臣を歴任した加藤六月氏で、同じく内閣府特命担当大臣の石原伸晃氏の父は、言うまでもなく都知事も務めた石原慎太郎氏で、弟も衆議院議員です。

ドイツ、イギリス、フランスなどの政治家について調べましたが、これに匹敵する事例を見つけることができませんでした。たとえば、イギリスは王制で世襲制が重視されていますが、総理大臣はみな自分だけの力でその座に上っているのです。

それから政治家以外にも、身近でわかりやすい例に医者があります。

医者は、社会的地位も高く位置づけられ、多くの子どもが一度はあこがれる職業です。しかし、ご存じのように開業医はほとんど世襲制になっています。あまり大きな設備が必要ではない皮膚科などは別ですが、普通は医院を作るためには土地や建物、さらには最先端の高価な医療機器をそろえなければなりません。それには、最低でも億単位の投資が必要になります。病院の勤務医からスタートして、蓄えたお金で開業しようと思っても、ほぼ無理なのです。

これからの時代の幸せとは

今の時代は、新しい高速道路や橋を造るべき時代でもありません。すでにこうした建造物はたくさんあります。とくに、日本の人口が減り続けていることを考えると、これからの三〇年や四〇年は今のままでもほぼ充分です。

では、これからはどんな時代なのでしょうか。

ぼくは、何かを新しく構築する時代ではなく、メンテナンスしながら活用する時代だと思います。

つまり、持っている物をきちんと保存することが重要になってくるのです。たとえば、どこの街にもだいたいバブル以降に建てられた文化施設があります。これらをきちんとメンテナンスしていけば、これから四、五〇年は充分使えます。道路も新しく造るのではなく、傷んだところを直せばいいのです。

乱暴な言い方をすれば、経済成長というものはいらないのです。ＧＤＰが増えなくても、多少減っても日本は全然沈まない。それどころか、これからも世界の先進国であり続けるでしょう。というのは、日本の国民一人当たりのＧＤＰは他国にくらべてあまりにも高いので、たとえば中国やハンガリー、ブラジル、インドが二〇年経ってもそれに追いつけないのです。

ミンクの毛皮のコートを買いたいとか、ベンツに乗りたいとか、そういう物質的な目標ばかりを目指しても、これからは幸せにはなれません。

どちらかと言うと「消費は麻薬」であると思います。

ベンツの次はフェラーリやポルシェの新車がほしいとか、ゆくゆくは自家用ヘリコプターがほしいとか、物質的な欲望にはきりがないのです。グッチやエルメスのバッグを買ったから幸せだというのは、ぼくには中毒にしか見えません。

資源、そしてそれによって消費できる物が限られてくる二一世紀には、もっと内面的な消費、知的な消費を通して幸せになるべきです。

これはほとんどお金がかかりません。一冊の本はわずかなお金で買えるし、図書館に行けばただで借りられます。そして、自分や子どもの知的財産を増やすことができます。

つまり、消費の対象を変えれば、これからの日本人は充分幸せに暮らせるのです。

03

子どもと過ごす時間を作る

苦難を乗り越えてきた父

ここで、二〇年前に亡くなった、ぼくの父の生き方、考え方を紹介したいと思います。

ご存じの方も多いかもしれませんが、ぼくはユダヤ人です。第二次世界大戦中に、父の両親も母の両親も全員殺されました。それだけではなく、父が中学生のときに住んでいた家は放火されて全焼し、しばらくはホームレスのような暮らしを強いられました。そして、父自身も優秀な成績で医学部を卒業して大学に残った翌年、ヒットラーの登場によってユダヤ人として解雇され、しばらく医者のアルバイトをした末、強制収容所に入れられました。さらには、戦後の共産主義時代にもいろいろな辛い目にあってきました。

そんなさまざまな経験から父が出した結論は、

「人間が本当に持っている財産は頭と心の中にある」

ということでした。本当に持っているのは体一つであり、さらにもっとも大切なものは、頭と心の中にあるということです。ぼくはいつもそう言われて育ってきました。

父が母と結婚したのは四〇歳を過ぎてからであり、ぼくが生まれたときには四五歳でした。父は結婚するまで、長い間、ハンガリーの首都、ブダペストに住んでいました。人口二〇〇万人のとてもにぎやかな街で、医学の研究を中心に、楽しい生活を送っていました。

でも、母と結婚して家庭をもうけようとしたときに、家族と過ごす時間を最優先させるため、ぼくが生まれた人口五万人の田舎町、カポシュバールに引っ越したのです。勤務先の病院は家から歩いて一〇分もかからなかったし、ぼくの通った小学校、中学校、高等学校は、どれも歩いて五分のところにありました。

父は毎日、かなりの時間をぼくたち姉弟と過ごして、いろいろな話をしてくれました。家でテレビを見たり、お酒を飲んだりすることはありませんでした。家に帰ってからも、調べ物をしたり、タイプライターで医学関連の論文を書いたりしていました。考えてみると、ぼくは父から「勉強しろ」と言われたことは一度もありません。ただ、ぼくも父のまねをして本を読んだり、調べ物をしたりするうちに、それをとてもおもしろいと思うようになったのです。

それだけではなく、ゲームもよくやりました。父はチェスの名人だったので、ぼくに四歳の頃から教えてくれました。ただ、ぼくは父と何千回もチェスをやりましたが、勝ったことは一度もありません。父は、決して子どもを喜ばせるために負けるようなことはしませんでした。

しかし、どうやって考えるのかとか、こういうふうにした方が有利とかを教えてくれたのです。チェスだけではなく、家族みんなでやったカードゲームもそうでした。

たかがゲームと思う人がいるかもしれません。それでも、ぼくは父とのゲームを通して、物事をあらゆる角度から考えてきちんと見極めた方がプラスになることを学んだのです。このことは、今でもぼくの人生にかなり浸透しているのではないかと思っています。

父と過ごした時間

当時のハンガリーの制度では、とくに小、中学校の場合、学校で過ごす時間はほとんど午前中だけでした。午後については、

一、学校で給食を食べないで家に帰る
二、学校で給食を食べて家に帰る
三、学校で給食を食べてから三、四時間自習をする

の三つの選択肢がありました。三については自習勉強のための部屋があって、子どもたちに私語がないか、お互いのじゃまになっていないか、先生が監督するのです。この制度があったので、午後は授業がありませんでした。

ぼくの家庭では、給食を食べないコースを選択しました。両親の勤務先の病院が家から近か

ったので、父も母も毎日必ず二時頃には家に戻ってきて、一時間ほどかけて家族で一緒に食事をしていました。食事の間は、両親がいろいろな相談に乗ってくれるし、どんなことをたずねても必ず答えてくれました。また、父と母が医学について交わす会話も、ぼくにはいい勉強になりました。ぼくにとって食事の時間は、家族の大切さ、温かさを確認する大切な場でもあったのです。

さらに、週末になると、ぼくは「金魚のふん」のように父の後ろにくっついていました。父の趣味であったチェスを観戦したり、もう一つの趣味である切手集めのサークルへついていって、参加者がお互いのコレクションを見たり、切手を交換したりするのを横で見ていました。また、父は地元では顔が広かったので、道を歩いているといろいろな人に声をかけられました。立ち話をした後に、父は必ずぼくにその人物について詳細に紹介してくれたのです。どういう人で、どんな人生なのか、どういう病気になっているのかなど、何でも話してくれました。

こうした些細なことでも、ぼくは父のおかげで学校では得ることのできない時間を過ごすことができたのです。

どんなに親が忙しくても、週末だけでも、あるいは毎朝のわずかな時間だけでも、子どもと一緒に過ごす時間を作ることができるはずです。そしてその時間は、積極的にわが子と会話をすべきです。すると、親子の絆が強くなるのはもちろんのこと、子どもにさまざまなことを伝えられて、よい影響を与えることができるでしょう。

また、ぼくは高校を卒業して四〇年以上経ちますが、同級生と会うたびに、しばしば「ぼくの父はいつもこう話していた」「私の母にこう教えられた」などという話が出ます。成人になったわが子の記憶にどう残るのかは、親次第です。

04 教育方針を決める

子どもに何を残すのか

ぼくが日本に来てうれしかったのは、父と同じような考えを主張している人がいたことです。だれかというと、西郷隆盛です。彼が詩の中に書いている言葉に、

「児孫のために美田を買わず」

というものがあります。

つまり、自分の子どもや孫のために土地や建物などの財産を残すよりも、生きる力や哲学を生前に譲ることの方がずっと大事であると彼は考えたのです。

最近の日本の子どもを見ると、一番欠けているのは、この生きる哲学、生きる力ではないかと思います。単調な毎日を惰性的に繰り返して、何を目指しているのか、何のために生きているのか、はっきりとした目標や、人生の青写真がありません。

そこで、ぼくが今もっとも親が行うべきだと思うのは、できるだけ早い段階で「わが家の教育白書」を定めるということです。

国には「経済白書」や「教育白書」があるように、「わが家の教育白書」というものがあってもいい。自分たちの理想、哲学をそれぞれの家庭で両親が話し合うべきです。教育についての本を読んだり、だれかに相談したりしてもいいでしょう。

とにかく熟慮の末に、遅くとも子どもが小学校に入るまでには「教育方針」を定めてほしいのです。もし、すでに子どもが小学校に入っているのにまだ定まっていなかったら、一週間や二週間、あるいは一ヵ月と期限を決めて、それまでにきちんと自分の教育方針を定めなければなりません。

教育方針はころころ変えない

教育方針を一度定めたら、当分はこれを変えないでください。

実は、この教育方針は多少誤りがあってもかまいません。わかってほしいのですが、子どもには高い順応性があるので、大体の方針についていくことができます。

それよりも子どもにとって一番困るのは、親の方針がしばしば変わることです。子どもは必ず不安になります。

たとえば、テレビ番組を見て「これからは英語が重要だ」と子どもに英語を習わせたと思ったら、二ヵ月後にある本の影響を受けて英語塾をやめさせて漢字のフラッシュカードを毎日やらせる。さらに二ヵ月後には「算数を優先すべきだ」と百ます計算の紙で机を埋めつくす。これでは子どもはどう思うでしょうか。

たしかに、子どもの教育方針についてはいろいろなことが提唱されています。一〇年後、二〇年後にはそうした主張のいくつかは本当に立派なものだとか、逆にあまり意味のないものだということがはっきりしてくるでしょう。

しかし、残念ながら、そうしたすべての主張を何十年もかけて検証するような悠長なことはできません。今は子どもたちのためにも、たとえ少しぐらい誤っていても、一つの方針を定めなければなりません。

ぼくがそのことに気がついたのは、ある友人と話をしていたときです。

彼は自分の子どもに対して、確固とした教育方針がありました。でも彼の教育方針は、彼が父親から受けた教育方針とは反対の考えが多かったのです。

「では、あなたはお父さんに対して、あなたが今、子どもを育てているようにあなたを育ててくれなかったことを残念に思っているのか」と聞いたところ、「いいえ、全然」という答えが返ってきました。そして、彼はこう言いました。

「小さいときから父親の教育方針に沿ってきたし、もしも今、自分が子どもに実践しているような教育方針だったら、自分の人生も多少変わったかもしれない。でも、自分は何よりも親の愛情を強く感じることができたので、たまには自分に納得のいかないことがあっても仕方がないと考えていた」

子どもに必要なのは、親との強い信頼関係、何があっても親は自分の絶対的な味方であるという気持ちです。日本人には不慣れかもしれませんが、子どもにしばしば「ママはあなたを愛している」「パパはお前が大好き」などと、愛情を言葉で表しても無駄ではありません。子どもはきっと親の決めた教育方針についてきてくれるでしょう。

新しい価値観を持とう

今、日本は過渡期です。戦前から戦後に変わったとか、江戸時代から明治時代に変わったとか、それぐらいの大きな変革が今の日本の社会に起こっていて、戦後長く続いた、ＧＤＰで測る物質的な成長の時代は終わったのです。

日本のことを人間にたとえると、バブル期までは子ども時代が続いていたとはいえ、これからは成人の人生になるのです。子どもは身長が伸びたり、体重が増えたりするのは当然のことですが、成人の場合にはむしろ困ります。けれども、成人の人生にもまた成人なりの幸せがあります。これからの日本、そして日本人にとって、成人としての身の丈に合った営みを見つけることが大きな課題です。

今こそ、親は子どもに新たな価値観を提供すべきです。お金をたくさん儲ければいいとか、どんどん消費すべきだとか、そういう従来の価値観ではこれからは幸せにはなれません。ぼく自身の価値観の一部を述べると、「物」より「者」。たくさんの物を持つよりは、大勢の者と会話して、触れ合って、有意義な時間を共有すべきです。

しかし残念ながら、社会的にはほとんど新たな価値観が示されていません。

テレビからは、いろいろな企業の「これを買ったらいかに素晴らしいか」「どんどん消費しよう」といった情報ばかりが目に飛び込んできます。また、企業の宣伝だけではなく、ニュースやワイドショー、バラエティーなど、ほとんどの番組が裕福であることをよいこととしています。

たとえば、トランプ氏の資産がすごい、テニス選手権で優勝した選手の賞金は何万ドルだ、ジャンボ宝くじのトップ賞金はいくらだ、ある芸能人はこんなに立派な家に暮らしている、などと、枚挙にいとまがありません。テレビドラマにしても、登場する人たちは決して一般の人が住んでいるような、二DKのアパートには住んでいません。多くの場合、きれいな高級マンションに住んで、立派な車に乗っています。

そうしたテレビに映し出される映像と、自分が実現可能な目指すべき理想との間に、かなりのギャップがあるという当たり前のことを、親はまず子どもに認識させる必要があるのです。

05

よその子どもとくらべない

子どもに伝えなければならないこと

これまでの日本の学校教育とは正反対のことかもしれませんが、子どもに伝えてほしいことがあります。それは、

「人間はみんな千差万別である」

ということです。当たり前のことですが、みんな同じであるわけがない。すべての人が違う。だれも他人より、よくも悪くもない。だから、他人と比較するのは意味がないのです。英語には、

〝Comparison is no reason.（コンパリスン　イズ　ノー　リーズン）〟

という表現があります。「比較は理由にならない」ということです。

他の人と比較してもいいことなどありません。隣の庭の芝生は青いとか、あの家の方がうち

よりも大きいとか、逆にあそこの家は貧乏だからこちらの方がえらいとか、そういう考え方を根絶しなければなりません。優越感や劣等感を感じること自体、子どもにとって悪影響を与えるものなのです。

同級生は同床異夢

二五〇〇年前に孔子が残している言葉に、「君子和して同ぜず」というものがあります。この言葉は子どもの教育についても当てはまります。つまり、みんなと仲よく調和して、コミュニケーションができる子どもにすべきですが、「同ぜず」というように、何でもみんなに雷同して一〇〇パーセント合わせるようにすべきではありません。

みなさんには、自分の小学校時代の同級生と、今どれだけのつきあいがあるかを考えてほしいのです。おそらく、ほとんどの人は連絡を取り合うことさえないのではないでしょうか。つまり、子どもと同級生たちの関係も、まさに同床異夢だろうと思います。今は同じところにいても、お互いにまったく違う夢を見ているし、将来は全然違う道を歩んでいくはずです。

以前、村上龍さんの『13歳のハローワーク』がベストセラーとなりましたが、それだけ子どもの将来について、世の中の親の心配が以前よりも高まってきているのだと思います。

大事なのは、子どもが本当に自分に合った仕事や生き方を見つけることです。みんなに合わせていったら、それこそ不幸になるだけです。逆に、自分に合ったものを見つけられたら、人生の満足度は高くなるし、達成感を感じることもできます。そして、これからの自分の人生全体が変わって、うんと楽しくなるのです。

イギリスの批評家、トマス・カーライルの言葉に、

「一生の仕事を見出した人には、他の幸福を探す必要はない」

というのがあります。ぼくはそれを聞いたときに、とても納得しました。一生幸せに過ごすためには、まさに自分が愛する仕事を見つけることが重要です。

自分の人生のために勉強する

「いろいろなことを学習することによって、自分の将来の可能性が広がる」ということを、親はぜひ子どもに伝えるべきです。

みなさんに紹介したいラテン語のことわざに、

〝Non scholae sed vitae discimus.（ノン　スコーレ　セッド　ヴィーテ　ディスチムス）〟

という言葉があります。

これは「学校のためではなく、自分の人生のために勉強する」という意味です。中世のヨーロッパで作られた言葉で、多くの学校ではどこかの壁にこの言葉が掲げられていました。つま

り、「今、君たちは勉強をするために学校に通っているけれど、それは自分の人生のためにしているのです。だから、いろいろなものをどんどん学習しなさい。そうすれば将来の選択肢が広がりますよ」という、子どもたちへのメッセージなのです。

子どもが、学校で友だちとのつきあいがうまくいかなかったり、先生を嫌いになったり、というような理由で勉強したくなくなるというのは一番ありがちなことです。

しかし、もっとも誤った反応でもあるのです。

勉強は先生のためではなく、自分自身の利益につながるものです。勉強は子どもたちに将来への無限の可能性を与えてくれます。親の役目は、その可能性を開く扉の入口まで連れて行ってあげることなのです。

このことを子どもに理解させることができれば、子どももきっと勉強したいという意欲が増すでしょう。

06 将来の職業を意識させる

なりたいものを常に持つこと

オリンピックレベルのスポーツ選手、あるいは世界で通用するようなバイオリンやピアノなどの一流演奏家になるには、幼い頃から始めなければなかなか難しいでしょう。

しかし、それ以外のほとんどの職業はそうではありません。小学校低学年から一つのレールに乗って、ずっと一つの方向に走る必要はないのです。そんなに早くから、子どもが一つの職業だけにこだわり続けなくてもいいと思います。

ただ、みなさんも将来やりたい職業を、小学生のときに紙に書いた覚えがあるでしょう。それは、今の子どもたちにも当然あるはずです。たとえば「東日本大震災の映像を見て、消防士や自衛官になりたいと思った」「白バイを見て警察官になりたいと思った」「看護師になりたいと思った」など、いろいろあると思います。逆に、中学生や高校生になっても全然考えたことがないとなると、ちょっと困るのです。

そういった将来の夢は、成長するうちに変わっていくものです。それでも、これになりたい、あれになりたいと考えるのはとても有意義なことです。

なぜならば、子どもはなりたい目標に向かって情熱を燃やすからです。

半年経って、子どもがそれまでとはまったく別の方向を目指すのはかまいません。とにかく、いつでも将来の夢を持つことが肝要です。子どもがこういうことをやりたいと言ったときに、「では、こういう本を読んでみたら」「がんばってみたら」などと、親は応援してあげればいいのです。

「イスラム教に入信したい」

ぼくが中学三年生のときのことです。

ある日、同級生たちと校庭の奥に大きな雪だるまを作りました。そのときにだれかのアイディアで、その雪だるまの帽子をターバンのようにしたのです。できあがった雪だるまはトルコ人のように見えました。ハンガリーは約一五〇〇年間、トルコの支配下だったという悲しい歴史もあったので、ぼくたちもトルコに関してはある程度知っていました。教科書にも頭にターバンを巻いてお祈りする人の絵がありました。そこで、ぼくたちは冗談半分で「今日はテストがないように」などと、雪だるまにお祈りをして遊んでいました。

そして、家に帰ったぼくは、これも一〇〇パーセント冗談でしたが、父に「イスラム教に入信しようと思っている」と言いました。

もしも、みなさんの子どもが同じことを言い出したら、どうしますか。

きっと、「そんなことはすべきではない」「それは駄目だ」などと、子どもを説得するでしょう。ところが、ぼくの父はこう言いました。

「ああそう。だったら、そこの本棚にコーランがあるから、それを読んでみて」

と、まったく反対しなかったのです。おそらく父は、ぼくがコーランを読むことによって、イスラム教というのはぼくが考えているようなものではないとわかれば、入信する意志がなくなるだろうと考えたのだと思います。

この話は宗教に関するもので、将来の夢についての例としてはあまりよくないかもしれません。しかし、伝えたかったのは、子どもがどんなに変わった話を持ってきても、それに対して笑わず怒らず、頭ごなしに反対せず、拍手をしてあげる親が子どもの信頼を得るのです。とにかく、親は子どもを一途に応援しなければなりません。

「知識」と「知恵」

何を学習するかということは、実はあまり大事なことではありません。大切なのは、どれだけ一所懸命に学習することができるかです。

日本で初めて教育に関する講演を頼まれたときに、ひとまず自分の学校や学習について振り返ってみました。ハンガリーの公立小学校、中学校、高校で一二年間、ぼくが学んだことといえば、ハンガリーや西洋の文学、歴史、地理、生物、物理などです。それらがぼくの今の人生でどれだけ役に立っているのかということを考えてみました。すると、人生で直接役に立っているのは、読み書き計算程度ではないかという気がしたのです。しかも、これらはすべて小学校一年生程度でマスターしたものばかりです。

では、残りの一一年間、学校に通ったのはすべて無駄だったのでしょうか。

いいえ、決してそうではないということにぼくは気がついたのです。

それは、人間には「知識」と「知恵」の二つのものがあるからです。

広辞苑で調べてみると、「知恵」は「人生の指針となるような、人格と深く結びついている哲学的知識」とあります。そして、ことわざにも「知恵は万代の宝」という言葉があります。

残念ながら、日本の学校ではいまだに知識を中心にした教育が行われています。しかし、知識というのはどんどん変わっていくのです。二〇年前と今とでは世界地図が変わっているのがよい例です。また科学も、新しい発見により日々進歩しているのです。

ぼくはハンガリーでは、第一外国語はロシア語、第二外国語はドイツ語を学んできました。今のぼくの人生にロシア語とドイツ語がどれだけ役に立っているのかというと、基本的には役に立っていません。でも、この二つの言語を学ぶことを通して、外国語を学ぶ知恵を身につけたのです。

つまり、まったく知らない外国語を自分一人でもどうやって勉強すればいいのかという知恵です。その知恵は、そのまま英語やスペイン語、フランス語、中国語、日本語を勉強するときにも用いることができました。しかも、どの言語もそれなりに上達できたのです。

学校で学ぶべきことは知恵であるはずです。

なかでも、もっとも大切なのは学習の知恵なのです。

どうやって新しい知識を身につけるのか。どうやったら知らないことがわかるようになるのか。どうやったらできないことができるようになるのか。

習い事も同じです。ですから、子どもが親の意図していることとはまったく別のことを学んだり、練習したりすることは決して無駄にはならないのです。そうした経験を通して、子どもには練習の知恵や勉強の知恵が身につきます。その後はさらに将来にもっと必要な別のものをきちんと効率よく勉強できるようになるのです。

「なぜ」「どうして」が学力を伸ばす

もう一つ、親が子どもの勉強で手伝うべきことがあります。

それは、何事にも常に疑問を持つように子どもの意識を育てることです。

日本の入試もいろいろと変わろうとしています。しかしながら、受験勉強の内容を見ると、相変わらず暗記が中心です。学校の授業でも先生が一方的に話をし、子どもはそれを聞くのが基本です。

だれかに聞いたからとか、どこかに書いてあったからといって、すべてが本当にその通りであるとは限らないのです。もちろん、子どもを疑心暗鬼にすべきではありません。とはいえ、これからの時代は、今まで以上に子どもに「疑ってみること」を教えなければなりません。

世の中には、かえって健康に悪影響を及ぼすのではないかと思われるほどの怪しい「健康食品」がたくさん販売されています。金利が低くなって、昔の日本にはほとんどなかったような、人をだます投資話も増えてきました。だからこそ、もっと自分で自分の身を守るという意識を子どもに持たせる必要があります。そのためには、普段から何でも自分で調べさせたり、考えさせたりしなければなりません。

たとえば、歴史の勉強を見ても、事実を列記するものばかりです。この歴史的な事件が起こったのはなぜなのか、と考えさせる教育が欠けているのではないでしょうか。

こうした「なぜ」と問いかける力を、ほとんどの子どもはだいたい幼稚園の頃までは持っています。思い出してみてください。いつも子どもに、「どうして」「なぜ」と、うんざりするほどたずねられませんでしたか。ところが、子どもが小学校に入ると、そんなふうには問われなくなっていきます。日本の教育は、そうした子どもの力を殺してしまっているのです。

質問をしてはいけないとか、問う雰囲気ではないとか、質問しても「ここに書いてある」というような対応では、子どもの好奇心も消えていくし、自分で物事を考える力も育ちません。

07 子どもに時間を決めさせる

子どもの最大の資源

学校ではあまり教えてくれませんが、子どもの最大の資源は「時間」です。

時間は、おそらく人間にとってもっとも重要な資源です。そして、貧富の差は関係ありません。総理大臣でも国王でも庶民でも、一日は二四時間で、一時間は六〇分で、一分は六〇秒です。

子どもの人生は、大人よりもとても長いのです。だから、その資源を子どもたちがどれだけ有効に利用できるかによって、将来の人生は大きく左右されます。この大切な資源の有効活用を、子どもにもっと強く伝えるべきです。

そのために有効な手段が一つあります。

それは、子どもに「時間割」を作らせることです。

もちろん、学校では授業の時間割がありますから、それ以外の時間割です。学校以外の時間の過ごし方をあらかじめ一時間単位の表にして、たとえば一週間や一ヵ月間先まで自分で決めさせます。

これはもちろん、子どもに計画性を身につけさせるという意味もありますが、それだけではありません。自分の時間の使い方は自分で決めるという気持ちを育み、自分が主体的に動いているという意識を持たせるのです。

ぼくも中学生のときに、先生に「学校での授業以外に自分で何をするのか、一時間ごとに決めてみなさい」と言われました。そして、その日から時間割を作ってみたのです。

ところが、その時間割の通りに行動したかというと、実はあまり守りませんでした。

こんなふうに書くと、みなさんはぼくが時間割をすすめるのはおかしいと思うでしょう。

でも、違うのです。

その時間割を完璧には守らなかったというだけのことで、今日は友だちの家に行くから予定していた読書の時間を遅くしようとか、場合によってはその日一日の予定を中断しようとか、柔軟に考えたのです。

しかし、時間割を作ることによって、自分が何をやりたいのかがはっきりするし、何を最優先すべきなのかを常に判断できるのです。時間割を完璧に守ることが重要なのではありません。

時間に厳格なドイツ

時間について考える必要があるのは、子どもだけではありません。

ある調査によれば、日本の工場での生産ラインがこれだけ効率よくなったにもかかわらず、日本のサラリーマンは、アメリカのサラリーマンの業務効率を一〇〇とすると五〇にも満たないそうです。なぜ、時間ばかりかかってしまうのでしょうか。

それは、日本では時間を重視する考え方が欧米にくらべて浸透していないからです。

ドイツに行ったときに、びっくりしたことがありました。

ドイツのスーパーマーケットは、だいたい夕方の六時頃に閉店します。ぼくは五時五八分にスーパーに入って、夕飯の買い物をしようと思いました。ところが、店の入り口に大きな体の従業員が立ちはだかって「もう閉店です」と言うのです。ぼくが「そんなことはないでしょう。まだ五時五八分ですよ」と言うと、彼は時計を見ました。ぼくとのやりとりで、すでに三〇秒が経っていたので「いいえ、もう五時五九分です。あなたはこれから店に入って、品物を選んで、それをレジに持って行って、会計を済ませて、店を出るまでに六時を過ぎてしまいます。だから駄目です」と彼は答えたのです。結局、ぼくは店に入ることができませんでした。

これではただ不便なだけではないかと思う人も多いでしょう。日本のスーパーやデパートでは、こんなことはまずありえません。買い物をしていたら閉店時間をオーバーしてしまい、出口が閉まっていて、従業員用の通用口から帰った経験が、みなさんにもきっとあるでしょう。でもドイツでは、これは社会的な契約の一つなのです。

「私はあなたの時間を守るので、あなたも私の時間を守ってください」ということです。つまり、勤務時間が六時までとなっている人は、六時過ぎには勤務先を出て家に戻って家族と過ごすことができます。

日本でも時間をもっと重視してほしいと思います。とくに、親は子どもと一緒に過ごせる時間を社会の仕組みを変えてでも捻出すべきです。

そして、親と過ごす時間は楽しくて有意義なものであると子どもが感じるようにしなければなりません。子どもが親と一緒の時間を増やしたくなるように、親も努力しなければならないのです。

どんなに仕事が忙しくても、今や土日は完全休業の職場が多いので、せめて週末だけは子どもと一緒に過ごせるはずです。すべてのことを一緒にやらなくても、たとえば親子がそれぞれ別の本を読んでもいいでしょう。あるいは図書館からまったく同じ本を二冊借りて、親子で一冊ずつ読んでもいいのです。読み終わったら、感想を話し合うこともできます。

あるいは、クロスワードパズルの雑誌を二冊買って、お互いに競争して解いてもいいのです。とにかく、肩を並べて一緒に作業をすべきでしょう。

国内交換留学をさせる

子どもの夏休みも、ぜひもっと充実させてほしいと思います。
日本で親が子どもと一緒に長期間休むことは無理ですが、せめて子どもには完全な夏休みをとれるようにしてもらいたい。子ども自身がやりたいことを決めて、親がそれを応援するのです。

田舎のおじいさんやおばあさんの元へ遊びに行かせるのもいいのですが、ぼくがぜひやってほしいと思うのは「国内交換留学」です。子どもだけで海外に行くのは危ないと思っている親も多いでしょうし、子どもが充分に外国語を話せないのを心配する人もいるでしょう。でも、国内だったら、インターネットを通して知り合った親同士や、あるいは同じ会社で転勤になった人と、夏休みの間だけでも子どもを交換し合うことができるのです。

たとえば、仙台に住んでいる子どもが福岡に行って、その代わりに福岡の子どもが仙台で過ごすのです。それぞれの学校を訪れたり、お互いの同級生と交流したりすることはとても有意義だと思います。家で普段食べている料理を相手の子どもに出したり、自分の子どもの部屋に相手の子どもを泊めたりすれば、お金は旅費しかかかりません。

お金をたくさん遣わないと何もできないと考えている人は多いでしょう。でも、多くの場合にはちょっと工夫をすれば、ほとんどお金を遣わなくても子どもにとってプラスになることができるのです。

ときには学校を休ませる

時間の管理がきちんとできる子どもには、ときには学校を休ませてもいいとぼくは考えています。

ぼく自身、小学校高学年から親に「今日は学校に行きたくない」と言って、月に一、二回は学校を休んでいました。どうしてもこの本を読みたい、この問題集を解きたいなど、それなりの代案を出せば、親は認めてくれたのです。そして、翌日は親に「昨日は急性胃腸炎で学校へ行きませんでした」と、先生宛ての嘘の手紙を書いてもらっていました。嘘はいいことではありませんが、共有の嘘だから、親と子の絆を強くします。

でも、ぼくはその時間を決して無駄にはしなかったのです。家の中で、自分で決めた勉強をやっていました。もちろん、子どもが完全に不登校になるのは好ましくありません。ですから親は、子どもが代案を出すだけではなく、子どもが実際にどれだけ実行したかを確認し、次回も子どもの申し出を認めるか認めないかを決めるべきです。

とにかく親は、子どもの時間の使い方をある程度は柔軟に考えてもよいのではないでしょうか。

もう一つ、ぼくの小学校時代の話をしたいと思います。

小学一年生のときに大腿骨を複雑骨折したことがありました。冬休みも含めて一〇週間も学校を休み、外を歩くことができず、ずっと家の中で過ごしました。考えてみると、今ぼくが知っているハンガリーの詩歌の半分以上はそのときに覚えたものばかりです。最初は、親がぼくを楽しませるために詩を読んでくれました。

ところが次第に、親が仕事に行っている間に、ぼく一人で詩を学ぶようになったのです。ハンガリーの詩にはとても長いものもあります。そのうちのいくつかを覚えて、親が仕事から帰ってくると暗唱するようになりました。

おそらく、同級生が学校で学ぶ時間以上に勉強したのではないでしょうか。

08

子どもの心を守る

愛国主義と国粋主義

経済が低迷すると、国粋主義思想は人気を得る傾向があります。いろいろな国の新聞を読んで驚いたのは、政治家がよく「自国の労働者は世界一だ」と堂々と言うことです。当然彼らの狙いは、経済の低迷の原因は政治家の誤りではなく、他国の陰謀によるものだと民に思わせることです。自分たちがほめられるので、他国にくらべて決して優れていないハンガリーの労働者も、喜んで信じて政治家の口車に乗ってしまいます。しかし、これはとても危ない手段です。隣国との関係が悪くなったり、他文化への理解が減ったりして、他国民への憎悪が増えるのです。

しかも、不況の本当の原因は究明されず、正しい対策はとられないままです。

残念ながらこの傾向は欧米だけではなく、日本でも強いのです。以前は他国で見聞したよいものを積極的に取り入れようとした日本人は、かなり内向きで閉鎖的になってきているように感じています。

愛国主義と国粋主義という、自国への愛を表す二つの言葉があります。英語では「パトリオティズム」と「ナショナリズム」といい、前者は正常な人間がみんな持つべき気持ちで、後者は歴史上ずっと他国・他民族・他宗教への憎しみの元になっていて、戦争への突破口ともなったのです。愛国心を育てるのはよいのですが、国粋主義にならないように気をつけなければなりません。

健全な愛国心は理性を失い分別を欠いてはいけません。日本以外にも、自然が美しい国や立派な歴史・文化を誇る国、経済的に強い国が世界中にあります。どちらが優れているという無駄な比較をやめて、日本人だから日本を愛するという気持ちが本当の愛国心です。

国語か日本語か

こうした国粋主義の現れは、日本の教育にはいくつか見受けられます。

たとえば、日本の小学校や中学校、高校では、いまだに日本語を「国語」と呼んでいます。

ぼくが知っている限り、自分の母国語を国語と呼ぶ国は、日本が植民地支配をしていた朝鮮、韓国と中国だけです。それ以外の国では、たとえばフランスではフランス語、ドイツではドイツ語、ハンガリーではハンガリー語と呼びます。ちなみに、ぼくはこの本に書いている言葉は国語ではなく、「日本語」、つまり国家が定めるものではなく、日本列島に代々住んできた人々によって育まれた言葉であると思っています。

日本では不思議なことに、外国人に教えるときには日本語、日本人に教えるときには国語と使い分けています。この二つはまったく同じものであるにもかかわらずです。

日本語は国の言葉ではありません。日本列島に住んでいる人たちの言葉です。在日朝鮮人や在日韓国人の子どもたち、あるいは日本人と結婚した外国人の子どもたち。みんな、普段使っている言葉は日本語です。

もうそろそろ、国語を日本語と呼んでもいい時代ではないでしょうか。

四季がきれいなのは日本だけ？

国語の教科書にも気になる文章があります。

「日本には四季がある。だから、日本には美しい詩歌がたくさんある」

と書いてあるのです。

暗に子どもたちに「他の国には四季がない。あっても日本ほど美しくない。なぜならば、他の国にはきれいな歌があまりないではないか」と言っているように感じられます。

もちろん、そんなことはありません。日本人がまだ字を書かなかった時代に、すでに中国には四季に関する美しい詩歌を書いていた人たちがいたし、ギリシア時代やローマ時代にも立派な詩歌を作った詩人がたくさんいました。

つまり、どこの国の夏が一番美しいのか、というのはあくまでも主観的なことで、客観的な事実ではないということです。

同じように、日本の四季が一番はっきりしているというのも、ちょっと違うと思います。実は、日本の多くの知識人がそうした文章を書いていますが、おかしなことです。

まず、同じ日本列島でも、北海道の四季と沖縄の四季は全然違うのです。それなのに、日本の四季というと、都合よくはっきりしているということになっています。そもそも、今の東京あたりの冬は雪も降らなくなってきているし、そんなに冬らしくありません。

人はだれでもおそらく、自分が生まれ育った地域の四季を一番美しく思っているし、そしてどこかに引っ越したら、故郷を懐かしく思い出します。北海道の人が沖縄に住み着いても、北海道の四季を懐かしく思うでしょう。大分の人が東北に引っ越しても、大分の四季の移り変わりを懐かしく思うはずです。日本国内でもそうなのですから、海外でも同じはずです。

四季の移り変わりを美しく感じること自体は素晴らしいことです。でも、あくまでもこれは主観的であって、人それぞれに対象は異なるということも子どもに教えるべきです。

自分にとって一番美しい山

同じように、富士山は日本人にとっては一番美しい山であるとよく言われます。ぼくも富士山は大好きです。東海道新幹線や九州方面へ行く飛行機に乗るたびに、窓から美しい富士山が見えるのをとても楽しみにしています。

ただ、日本のすべての子どもに「富士山が日本一美しい」という考えを押しつけてほしくはありません。自分の地域の里山が一番美しいと思っている子どもの気持ちを奪ってほしくないのです。

鹿児島の子どもにとって、自分の家の窓から見える桜島が一番だと思って当然なのです。あるいは同じ鹿児島でも、住んでいる場所によっては、霧島が一番きれいであったり、薩摩半島の開聞岳が一番美しかったり、さらにもっと南に住んでいる人にとっては、屋久島の宮之浦岳が一番美しいかもしれません。

このように、子どもには自分の身のまわりのものから強い愛着を持ってほしい。そしてこの愛着が次第に、県のものとか、国のものとか、世界のものにも広がればいいのです。最初から「これが一番です」と決められたら、子どもたちが不幸です。

しかも、これが世界で一番美しい山であるという固定観念を子どもたちに与えかねません。世界には富士山以外にも美しい山がたくさんあります。ほんの一例を挙げると、アフリカにはキリマンジャロという富士山の一・五倍の高さを持つ美しい山がありますし、インドネシアにはブロモ山という美しい活火山もあります。

ちなみにぼくの生まれ育ったハンガリーには、バラトン湖という湖があります。その湖畔には、夏になると多くの人が避暑に訪れます。

ぼくの幼なじみが日本に来て、スケッチブックにバラトン湖の湖畔から見た、山々の形の絵を描いてくれたことがありました。高さが四〇〇メートル規模の、本当に丘にすぎないものですが、ぼくにはそれがすごく懐かしく感じられたものです。

料理ならば、やはり自分の母親の料理が一番だと、多くの人が思うでしょう。

また、地元で採れる野菜や魚、その地方の名物に親しむべきなのです。全国チェーンの店が広がって、均一的な料理を子どもが一番おいしいと思っていることは、とても残念なことだと思います。

同じように、歴史の勉強でも、まずは自分の家族の歴史を知るべきです。お母さんの家族はどうだったのか、おじいさんやひいおじいさんはどういう暮らしをしていたのか。そういったことを学んでから、地元の歴史、それから全国の歴史、世界の歴史へと学習していくのが一番ふさわしいとぼくは思います。

09

部活動はほどほどにさせる

運動部に入るべきではない

親子の時間を奪う最大の危険性は、運動部の部活動にあるとぼくは思っています。

今の運動部は、昔ほど全体主義的な運営はされていないとはいえ、子どもが運動部に入ったら、家族と接する機会が少なくなることは間違いありません。

スポーツ活動自体はとても意義のあることです。でも、ぼくに言わせれば、運動部の活動はスポーツ活動というよりも、どちらかというと精神的なトレーニングを重視しているのです。根性は充分にあるか、みんなで力を合わせて一緒にできたのか、それともできなかったのか。そのために、練習に非常に多くの時間を割くのです。

もちろん、忍耐力を強くする活動にはいい面もあります。また、進学に際してスポーツ推薦を受けたい人や、将来はスポーツ選手を目指している人ならば、運動部に入ることも必要でしょう。

ただ、残念ながらその活動に使われている膨大な時間を考えると、多くの子どもにとっては参加しない方がプラスになると思います。中学校や高校で運動部に入っていると、自分の将来のための学習に費やすべき時間が失われてしまいがちだからです。

「うちの子どもは何事にもやる気がなかったのに、運動部に入って救われた」というような話もよく聞きます。

でも、本当は間違っています。

子どもに大きな目標ややる気を充分に与え、保つことができるのは、親の役割でもあり、責任でもあります。部活を通してやる気が出たという子には、そうなる前に親が何とかすべきだったのです。

学校に通う本来の目的は、学習です。部活動は二番目か三番目であるはずなのです。

ところが、運動部に入っている子どもは、朝練や放課後の練習、土曜日の自主トレなどを何よりも最優先しています。子どもはそれなりに達成感を覚えて楽しいと感じ、それが一種の麻薬のようになってしまい、他のことには盲目的になってしまうのです。しかし、それはほんの一時期の楽しさに過ぎず、将来のために最優先すべきものではありません。

バスケットボールに夢中だった女性

ここで、ぼくが知っている例を話したいと思います。

あるとき、とても背の高い女性と一緒に食事をしました。テーブルに座って彼女の腕を見たぼくは、失礼も顧みずに「あなたの腕はとても立派ですね」と言いました。すると、彼女は最初はとても嫌そうな顔をしましたが、やがて彼女の人生についていろいろと話してくれたのです。

彼女は中学校では成績抜群で、関西方面の一流進学校の高校に入学しました。ところが、背が高いということでバスケットボール部に誘われて、高校の三年間はバスケットボールにすっかり夢中になりました。

実は、彼女は中学生のときから将来は医者になることを希望していて、それは中学校時代の学力からみれば決して無理な話ではありませんでした。しかし、高校でバスケットボールばかりやっていたために成績が伸びず、大学受験に失敗してしまいました。結局、一年間浪人の末に、ある私立大学の薬学部に入り、卒業後は薬剤師になったのです。

薬剤師ももちろん素晴らしい仕事ですが、彼女はぼくにこう言いました。

「あのときバスケットボール部に入ったことをすごく後悔しています。バスケットボールをやっていなければ、きっと自分は望んでいた医学部に行けたはずです。今、バスケットボールをやっていて私に残っているのは、この太い腕だけで決してうれしくはありません。病院に勤め続ける限り、私はずっと医師と接するたびに受験の失敗を思い出して、苦い思いをしなければなりません」

野球部に入った男性の例

もう一人、知り合いの男性の話をします。

彼の父親はアメリカ人で、母親は日本人です。生まれたときから日本に住んでいて、家ではみんなが日本語で会話をしていました。ただ、この家では毎年子どもたちが夏休みにアメリカへ行って、向こうのいとこたちと過ごす習慣がありました。当然、そのいとこたちは日本語がわからないので、ずっと英語で会話をします。そのために、彼は英語がどんどん上達していきました。

ところが、彼は中学生になると野球部に入りました。すると、彼にとっては野球の試合や練習、合宿の方が何よりも大切になってしまい、夏休みには親がいくら説得してもアメリカに行かなくなってしまったのです。

後年、彼も医学部を目指していろいろな大学を受けたのですが、合格できませんでした。その最大の原因は、皮肉なことに英語の成績が悪かったからなのです。

結局、彼は医学部を断念してしまいました。ここで、彼の人生は大きく変わったのです。

もし、彼が野球部に入らなければ、それまで通り、毎年アメリカに行っていたはずです。そして間違いなく、彼の英語の成績は問題にならなかっただろうと思います。

スポーツ活動は大切だし、体力づくりも必要です。

そこで、部活動以外の運動を子どもにすすめるべきです。子どもが中学校に入って部活動をやるようになる前から、親が子どもと一緒に頻繁にスポーツをすればよいでしょう。

水泳をやりたければ、学校のプールではなくて、公営のプールに通えばいい。そうすれば、毎日練習に行かないからといって、学校でいじめられるとか、途中で退部するのが難しいということはありません。あるいは週末に親とテニスやキャッチボールをやったり、一緒にサイクリングに出かけたり、いろいろな活動ができるはずです。

ぼくは、親子が長い時間を一緒に過ごすことによって、子どもに「親と過ごす時間は捨てがたい」という気持ちを持ってほしいと思います。そのためには、親は楽しい時間を子どもに与えなければなりません。そうすれば、いざ部活動を選択するときに、子どもは運動部を選ばなくなるでしょう。どうしても部活動をやらざるを得ない場合には、放送部や英語部などの文化部を選んでもいいのです。そうすれば、週末には子どもは自分の時間を持つことができるし、親と一緒にいろいろなことを楽しくやれるはずです。

ハンガリーの例を紹介しましょう。以前ハンガリーに行ったとき、トロンビという古い友人の家に、もう一人の友人と行くことになりました。途中でトロンビの息子が通っている高校の前を通ると、ちょうど彼の息子が校庭で仲間とサッカーをやっていました。土曜日の昼過ぎで、もう学校にいる必要はありません。トロンビが「家でみんなで卓球をやろう」と声をかけると、彼はたちまち仲間に別れを告げて、車に乗ってきました。日本の運動部ではこんなことはありえないと、強い印象を受けたものです。

親子がこのような関係を持つようになるには、常に親子で何でも対等に話し合える状態でなければなりません。子どもを一方的に怒鳴ったり、殴ったりするようでは、信頼関係はできないのです。

そして、子どもの最大の味方は国家でも先生でも同級生でもなく、親であるということを教えなければなりません。家庭は子どもが安らげる一種の避難場であり、親は子どもが失敗したからといって、決して子どもを嫌うことはないと感じさせましょう。

もし、子どもがそうではないと感じていたら、自分が失敗したことや心配していること、あるいはいじめられたことなどを親には話せなくなってしまいます。ですから、親は子どもの悩みについて一緒に対策を練ったり、絶対的な味方になったりしてくれる存在であるということを、きちんと理解させなければならないのです。

もっと大人を自宅に呼ぶ

みなさんに、ぜひやってほしいことがあります。とても簡単で、しかもお金はそんなにかかりません。

それは、自分の友人やその家族を自分の家に招待することです。

日本では、残念なことに食事会は大人同士が外でやるのがほとんどではないでしょうか。たとえば家が狭いことを理由に挙げる人がいますが、決してそんなことはありません。世界的に見ると、東京でさえも住まいは決して狭くないのです。また、地方に行けばもっと広いでしょう。

お互いの家を行き交うような家族ぐるみのつきあいが少ないのは、単なる習慣にすぎません。家にもっと人を呼ぶべきです。

これには理由があります。

子どもがいろいろな大人の話を聞くことができるからです。招待された人に子どもがいれば、その子どもも一緒に食事をしながら大人同士の話を聞くことができます。これは子どもにとっては非常に恵まれたことなのです。

ぼくの家には両親の友人がよく遊びに来ました。一緒に食事やゲームをしながら、大人同士のさまざまな話を聞くことで、親と教師以外の大人のたくさんの人生を垣間見ることができ、世界が広がりました。さらに、自分が少し大人になったと感じたり、自分を認めてもらえたと感じたりできて、とてもプラスになりました。

そうやって、大人が家に来ることによって、さまざまな職業の見本が子どもの目の前に現れます。

生の大人たちの仕事や価値観に触れることによって、世の中にはいろいろな人たちがいて、いろいろな考え方を持っていて、いろいろな生き方があることを子どもたちは再確認できます。

「私もこの人のようになりたい」とか、逆に「この人は学生時代にあまり勉強をしなかったと反省しているから、ぼくはもっと勉強しなければ」などと子どもの反応はさまざまでしょう。

外食をすれば、だいたい家で食べるよりも三倍ぐらいお金がかかるのが相場なので、家に招くことは経済的とも言えます。しかも大人同士がお互いの家に招待し合えば、それぞれの家族が子どもと一緒に出かけるので、それだけ家族で過ごす時間が増えるのです。

10

子どもと一緒に学ぶ

子育ては人生の大きなチャンス

日本には、「子宝」という非常に美しい言葉があります。子どもを「宝」と呼ぶような表現は、ぼくの知る限り、英語やハンガリー語にはありません。

ところが最近の日本では、子どもを宝と感じている親が少ないように思います。

たしかに、子どもを育てるのは経済的にも負担が大きい。また、子育てを仕事のようにとらえていて、嫌だと思っている人もいるでしょう。

しかし、それは違います。

子育ては、世界を再発見する一つの大きなチャンスなのです。

もう一度、子どもの目を通していろいろなものを見たり、学んだりできるのです。

たとえば、一緒に勉強していると、忘れていた知識を思い出したり、昔は嫌いだった教科をおもしろいと感じるようになったり、大人が気がつかないような子どもの発想を教えられたりもします。そうやって子どもと一緒に歩むことによって、親自身も本当に親として育っていくのです。子どもは宝であるということを、親はもっと感じられるはずなのです。

子どもに認められる努力をしよう

さらに大事なことは、親が子どもに親として認められるように努力をすることです。

たとえば、週末に子どもを動物園や博物館、美術館、あるいは観光地に連れていくということは多くの親がやっています。でも、実はもっと踏み込んだことをやる必要があります。

それは、親が予習をすることです。

ぼくは何人かの欧州の友人に、海外旅行に行くときにはどうしていたのかと聞いてみました。

すると、自分一人、もしくは夫婦二人で出かけたときには、何も予習をしないで行くことが多かったそうです。ところが、子どもと一緒に行くときには、必ずガイドブックを二、三冊読んで、行く先々についていろいろと調べて行ったということでした。

あるいは、美術館に行くときは、どんな作品があるのか、どういう画家が描いたのか、ということを図書館から本を借りて調べて、あらかじめ知っておくようにします。

そして、実際に子どもと一緒に美術館に行ったときに、「これは○○の作品です」「この作品についてはいろいろな由来があります」などと、あたかもガイドのように振る舞うのです。子どもにとってみれば「親はいろいろなことを知っている」ということで、改めて親を見直すきっかけになると思います。

たとえ、親が事前に予習をしていることを子どもに知られても、まったく問題はありません。子どもと一緒に調べるのもおすすめです。行く途中の電車や車の中で一緒に話し合うのもいいでしょう。

また、たとえば動物園に行けば、子どもはきっといろいろな質問をするでしょう。「この動物は何を食べているの」「どこに棲んでいるの」「どういう天敵がいるの」などと、たくさん聞いてきます。そのときにわからないことがあれば、そのままにしておくのではなく、あとで子どもと一緒に調べればいいのです。

ぼくが親に連れられて初めて外国旅行へ行ったのは、一三歳の夏に車で訪れたチェコスロヴァキアとポーランドでした。その旅行の間に、父からたくさんのことを学びました。行く先々で、「この街には昔はどんな偉人が住んでいたのか」「この街にはどんな歴史があるのか」などを話してくれたのです。そして、父に対して尊敬の念がさらに強くなって、父みたいに物知りになりたいと願うようになりました。

こうしたきっかけ一つでも、親に対する意識や子どもの学習意欲は違ってくるのです。

これが一番よいという方法はありません。子どもとできる限りたくさんの時間を過ごして、穏やかな気持ちであれこれやってみるべきです。あきらめさえしなければ、いつか必ず効果が現れます。

第二章

学力の基礎は日本語にあり

11 正しい日本語が学力を伸ばす

日本語は母国語？　母語？

日本語には「母国語」という単語があります。ところが、最近では多くの知識人が母国語ではなく、「母語」と言うべきではないかと主張しています。一つの国で使われる言葉は必ずしも一言語だけではないし、どんな言語も母親から子どもに伝わるのであって、国から教わるものではないからです。英語ではmother tongue（母の舌）と言いますし、フランスでもlangue maternelle（母の言葉、ちなみにフランス語のlangueは「舌」と「言語」の両方の意味があって、英語のlanguageの語源でもある）と言います。

ぼくが言いたいのは「日本語こそ、親が子どもに教えるべきものである」ということです。算数や英語などの他教科に苦手意識を持っていて、子どもにあまりうまく教えられないという親も多いでしょう。しかし、日本に生まれ育った親が日本語を教えることができないことはないはずです。子どもたちの日本語の教育こそ、一〇〇パーセントと言っていいほど親の責務なのです。

この本を読んでいる多くの読者の子どもは、すでに学校に通っている年齢でしょう。でも、本来なら学校で学ぶ以前に、美しい日本語で話すことができるように、親は努力して教えるべきです。

日本語の危機

ただ、子どもに美しい日本語を教えようとしても、実際は世の中には逆風が吹いています。

たとえば、子どもには小さいときから英語を学ばせなければいけないというような、日本語よりも英語教育が大切だという考え方があります。そうした英語重視の風潮を裏づけるかのように、日本語の中にはカタカナ語や英単語が増えてきているのが現状です。広告のうたい文句が横文字になっているのは当たり前で、また商法改正の影響もあってか、社名を横文字やカタカナにする企業も多くなりました。このように、どんどんアメリカ化が進んで、日本語が英語に押され気味です。

しかし、日本人は日本でいくらがんばって英語を話せるようになっても、それだけでは二流のアメリカ人にしかなれないのです。結局アメリカで認められているのは、アメリカの大学を出て、アメリカに住んで、アメリカのために活躍している人たちだけです。日本人のほとんどは、自分の子どもに将来、日本に住みながら日本のために活躍してほしいと望むでしょう。

みなさんの子どもは、きちんとした日本語を話せる一流の日本人に育った方が幸せなのです。このことを親はもっと意識すべきです。たとえば、世界中にいる華僑は、子どもたちにきちんとした中国語を教えているのです。

英語と日本語が半分ずつ使われているような、まるで流行歌の歌詞のようなものではなく、きちんとした日本語を教えるべきなのです。おじいさんやおばあさんの世代の言葉遣いもかけがえのない財産であることを認識して、親は子どもに受け継がせていくべきだと思います。

正しい文法は家庭で身につける

ぼくにとって、日本語の文法はもっとも苦手なところです。今でも「は」と「が」を間違えることがあります。ところが、日本人に聞いても、こうした助詞の違いは何なのか、うまく説明できない人が多いようです。

以前に、日本人の友人に「ぼくには『に』も『で』も、英語のinやonと同じように聞こえるが、どう違うのか」と聞いてみたのです。大学の先生であるその人は、こう答えました。

「それは否定する文章だと『で』を使って、肯定する文章の場合には『に』を使うのです」

大学で数学の博士号を取ったほど学識のある人が、本気で言ったのか、冗談で言ったのか、あるいはさほど考えずに言ったのか、真意のほどはわかりません。もちろん、「で」と「に」の違いはそうではありません。たしかに、彼の説明のように「そうではない」とは言いますが、「そうにはない」という言い方はしません。また、「会社で働いている」という場合は否定的な文ではないし、「会社に働いている」という言い方もしないのです。

文法を学ぶのが難しいのは日本語だけではありません。ハンガリー語でも、外国人にとっては文法を勉強するのはかなり苦労すると聞きます。動詞や名詞の変化など、いろいろな点で大いに苦しむそうです。そもそも文法というものは、本来そんなに簡単に説明できるような法則ではないのです。たとえば、以前に大ベストセラーになった大野晋さんの『日本語練習帳』の中にも、「は」と「が」の使い分けについては一応説明があります。しかし、これも法則が多すぎるため、なかなか覚えられません。

文法は感覚で覚えるのが一番いいのです。それには、日本で生まれ育った親が子どもにきちんとした日本語を話すことが大事です。そうすれば子どもはあまり迷うことなく、どちらの方が自然に聞こえるかがわかると思います。つまり、きちんとした文法を子どもに身につけさせるためには、家庭で親が気をつけて話をする必要があります。親がきちんとした日本語で会話をすることで、子どもはその言葉を聞いたり、繰り返したりすることによって、自然に使えるようになるのです。

12 子どもを会話上手にする

きれいな日本語は自信につながる

子どもだけではなく、大人でも話し上手な人もいれば、話があまりまとまらない人もいます。話術については、才能が多少は関係あるのかもしれません。しかし、ほとんどの場合、親が努力をすれば、子どもは理路整然とした日本語で会話ができるようになります。きれいな日本語を話せるようになれば、会話することに自信を持つようになるでしょう。そして、もっと日本語に関心や興味を持つようになるのではないかとぼくは思います。

では、親はどうしたらいいのでしょうか。

そのためには、親子の会話を多くするべきです。しかも、できるだけきれいな日本語でお互いに話をすることが大切です。さらに親同士で会話をしているときでも、常に子どもがいることを意識しなければなりません。親が思っているよりも子どもは敏感です。たとえば、親が何かのはずみで汚い言葉を使ってしまったら、子どもは絶対にその言葉を覚えてしまいます。また、親同士の会話も、ただ「新聞」「風呂」など、単語だけを口にするというのはもってのほかです。きちんと「新聞を読みたいのですが、見あたりません。どこにあるかわかりますか」というように、ときにはくどすぎるぐらいの言い回しで話してもいいのです。すると子どもにもそういう話し方が伝わっていくものです。こうして、子どもにもきちんとした日本語で話す習慣を身につけさせることが非常に大事だと思います。

テレビや新聞とのつきあい方

子どもに美しい日本語を身につけさせるためには、テレビはできる限り見ないようにすべきです。ただ、「今日はこの番組だけ見る」というように、あらかじめ決めて見るのはいいでしょう。番組によっては非常に価値のある情報を伝えてくれるものもあります。

でも、ほとんどの番組は「見るのは時間の損」。とくに、若手のタレントが話している日本語を聞くのは勉強の上で逆効果です。子どもには悪い影響が多いでしょう。

それから、日本の家庭ではどうしても父親が食事をしながら新聞を広げる傾向があります。これも非常に悪い。お父さんには、新聞は通勤電車の中で読む程度にしていただきたい。巨人が勝ったのか負けたのか、どんな事件があったのか。はたして、そういうものが本当にわが子との会話よりも大事なのでしょうか。

子どもを大切に育てるには、親はある程度は自分のやりたいことを犠牲にする意識が必要です。食事中にいつもテレビを見たり、新聞を読んだりする人は、そうした習慣を改めるべきです。

余談になりますが、ぼくが以前に勤めたハンガリーの数学研究所の所長で、新聞を読むのがとても好きな人がいます。彼は海外に行くことも多いので、不在中の新聞は奥さんに取っておいてもらって、帰ってきてから読んでいます。とはいえ、彼は多忙ですから、毎日読めるのはせいぜい二、三日分です。ですから、彼は二〇一七年三月現在、半年以上前の二〇一六年秋の新聞を読んでいます。ちなみにその頃の新聞紙上では、まだアメリカ大統領選挙のトランプ氏苦戦の報道が載っています。

では、彼は世の中で何が起こっているのか全然知らないのかというと、そんなことはありません。だいたいのことは新聞を読まなくても、みんなの話を聞いてわかるのです。

みなさんも一週間ぐらい海外旅行に行ったり、家を留守にしたりした経験があると思います。ぼく自身もそうですが、戻ってきてから、その間にあった出来事を知らなかったからといって、別にたいした損はありません。マスコミは「ニュースはいち早く知った方がいい」というようにあおりますが、知らなくても実際はどうでしょうか。たしかに、いち早く知った方が臨場感があって、体内にアドレナリンが分泌されて、そのときはとても興奮します。でも、実際にはしばらく経ってしまうと、ほとんどのことがどうでもいいことになって、自分と子どものその後の人生への影響はないでしょう。

それよりも、親子で一緒に遊んだり、話をしたりする方が大事です。

ぼくが小学四、五年生まで、毎晩寝る前に、父が姉とぼくの部屋に来て話をしてくれました。昔話や、父が自分で考えたおとぎ話、あるいは父の子ども時代の話などを、一〇分や二〇分、ときには三〇分も話してくれたのです。そうやって子どもたちが眠りにつくまで一緒に過ごしてくれたことを覚えています。

子どもが小さいときには、絵本やきれいな文章の童話を朗読してあげたり、親子で一緒に読んだりすることによって、言葉のおもしろさや美しさが伝わると思います。

それから、親には外来語を使うことをできるだけ少なくしてほしいですね。外来語を安易に乱用するよりも、的確な日本語を選んで話をすると、その習慣が子どもにも身につきます。ときには外来語としてすっかり定着しているような言葉を、親子で考えて日本語に言い換えてみるのもいいのではないでしょうか。遊び感覚で日本語に親しめば、日本語学習のおもしろさも実感として湧いてくると思います。

13 漢字は楽しく覚える

数学で漢字を学ぶ

日本にやってくる外国人の大半にとって、最も難しい課題は日本語の勉強です。発音からいえば、五十音しかなくてそのまま発音するので決して難しい言語ではないのですが、それを除くと世界一難しい言語だと思います。とくに漢字は、日本人でも学校で毎日新しい漢字を学んで、宿題で何度も書いたりしないと、筆順も含めてしっかり覚えることはできません。ときどき「ぼくもそうすればよかった。もっと字をきれいに書けるようになっただろう」と思うこともありますが、おそらくそうしたら途中で日本語の勉強をやめてしまったでしょう。何しろ、上達の実感があまり湧いてきません。

ぼくは外国語を勉強する度に、それなりに達成感を感じながら楽しく学ぶことを基本にしています。そこで、日本に来てまもなく、日本語で書かれている数学の専門書を買いました。というのも、数学はある程度詳しい分野ならば、おおよそ何が書いてあるかわかります。どの言語で読んでも、数少ない専門用語を覚えながら理解できるのです。東大のゼミに通うようになって、当時のゼミでは論文を発表するときに、内容をコピーしてみんなに配っていました。すると図形と式は世界共通語なので、ある程度短い説明を理解できればよかったのです。文章を一所懸命目で追って、徐々に漢字も理解できるようになりました。

ぼくが日本語で初めて書いた文章は、同じようにゼミでの最初の発表の原稿でした。はっきり言ってとても内容の乏しい文章でしたが、一応自分が日本語で書いた、しかもそれを聞いた人が理解できたという達成感が得られました。それ以外には、どちらかというと書くよりずっと楽な読むことに集中して勉強しました。電車に乗ると、必ず各駅の名前を覚えようとしていたので、使用していた路線の駅の名前は今でもほとんど覚えています。もっとも、これはあまり役に立つ知識ではありません。それでも、自分がちょっと日本語をわかるようになったという気持ちになり、ますます勉強したくなりました。

漢字ナンクロ

自分もいろいろな漢字をしっかり書けるようにならなければいけないと思ったところに目をつけたのが漢字のパズルの本です。パズルと言っても、難読語の読みを試すような類ではありません。ぼくがやったのは「漢字ナンクロ」というクロスワードパズルです。普通のナンバークロスパズルと同じように、四角いマス目にいろいろな数字が書いてあり、同じ数字のマス目には同じ漢字が入るので、最初から入っているいくつかの字をヒントに漢字を書き入れていくものです。大きなパズルほど、同じ数字のマス目が多くなるため、結局、パズルの中でよく使われている漢字は何回も書くことになります。

そのときはひたすら同じ字を書くという気持ちはありません。やはりパズルを解くのは楽しいし、作業を終えたときには達成感があります。ぼくはこれを飽きるほどたくさんやりました。子供用のパズルから始めて、次第にもっと大きなものや、大人でもなかなかできないような難しいものまで、少しずつできるようになっていったのです。

ただし、全部を自力で解いたかというとそうではありません。電子辞書を片手に、どうしてもわからないときには思い当たる字を全部検索したり、ある漢字が頭文字になる熟語を順に調べたりしました。しかも検索したときに、せっかくだからそこに出てくる熟語はどういう意味なのか調べたり、おもしろい表現があったら読んだりして楽しんでいました。

つまり、たくさんのパズルを楽しくやるのも漢字の勉強になったのです。

漢字に親しむ環境づくり

初めて日本に来たとき、三ヵ月だけ日本に滞在しました。そのときにとても日本を気に入り、もっと日本のことを知りたい、もっと日本語を勉強したいと思うようになりました。そこで、当時フランスに住んでいたぼくは、フランスの部屋に日本語の勉強のための環境を整えることにしたのです。壁には富士山や鎌倉の大仏のポスターを貼り、日本のふとんのように敷いて寝ていたマットレスの横には、東京で買った常用漢字表を貼りました。縦一メートル、横二メートルぐらいの非常に大きなものです。毎晩寝るときに、「これは見たことがある字だけど、何て読むんだっけ」と復習したり、また新たな字を覚えたりして、毎日必ず見るようにしました。

それから、毎朝床に座って、日本から持ってきたインスタント味噌汁をフーフー吹きながら、壁に貼った日本地図をながめていました。漢字でさまざまな地名が書いてあり、漢字の下には読みも書いてありました。たとえば、「神戸」は、「かみと」でも「じんべ」でもなくて、「こうべ」と読むのだというように覚えていったのです。

このように漢字に親しみ、楽しめる環境を作ったことはとてもいい刺激になったし、みなさんにもぜひおすすめしたいと思います。親子でいろいろと工夫してみると、おもしろいでしょう。

このほかに親子でぜひ一緒にやってほしいことの一つに、「部首」や「つくり」を組み合わせて漢字を作るゲームがあります。お店で購入することもできますし、自分たちで厚紙に書いて作ってもいいでしょう。ぼくも日本人の友だちと楽しく遊びましたが、カードに書かれた手偏や木偏などの部首と、それ以外のつくりを上下左右に組み合わせて、どれだけいろいろな漢字が作れるかを競うのです。当然、親の方が子どもよりもできるので、子どもは「こういう字があったのか」と覚えられるし、親が「これはこういう意味だよ」と説明することもできます。中には、親も知らなかった漢字があるかもしれません。そのときは親子で辞書を引けば、思いがけない発見があるでしょう。

また、ぼくがよくやったのは、ちょっとした時間を利用して、あるテーマの漢字をどれくらい書けるかを試す遊びです。たとえば、木偏の字をいくつ書けるか。一番簡単なのは木偏にもう一つ木を書く「林」ですが、漢字を覚えるにつれて、木偏に冬で「柊」、木偏に夏で「榎」、木偏に堅いで「樫」というように、自分の知っている漢字が増えていきます。ほかにも、口という字に二画足してどんな漢字ができるかなど、いろいろなテーマが考えられます。自分一人でやっても、家族や友人で競い合っても楽しめます。これも遊ぶつもりでたくさんやっているうちに、自分の知っている漢字を何回もおさらいできたり、新しい漢字を知ったりすることができるのです。

さらに、親子で街を歩いているときには、電柱に書いてある地名を何と読むのかを確認するのもいいでしょう。ちなみにぼくは日本に来た当初、電車に乗るときは路線図を好んで読んでいました。そうやって、東京都内のほとんどの駅の名前を覚えていったのです。

このように、必ずしも学校と同じ学習方法でなくてもいいのです。自分に合ったやり方を探して、いろいろと試してみることによって、もっと漢字の勉強が楽しくなってくるのではないでしょうか。

14 親が読書好きならば、子どもは活字嫌いにならない

書店の数が世界一の日本

活字離れについては日本だけではなく、世界的にも大きな社会問題となっており、さまざまなメディアの普及がおもな原因と考えられています。

たしかに、今や人間の脳を刺激するものは活字以外にもいろいろあります。まず、思い浮かぶのはパソコンやテレビです。今ではほとんどすべての家庭にあります。最近ではスマートフォンも普及して、画面を見ている時間も増えてきました。

それでも、日本は他の国々にくらべて書店の数がきわめて多いのです。ぼくは世界一〇〇ヵ国以上を訪れましたが、日本ほど書店がたくさんある国を見たことがありません。このように、活字離れとはいえ、環境としてはアメリカやフランス、ドイツなどの先進国、あるいは発展途上国とも比較できないほど、日本は優れているのです。

しかも最近では、日本の書店は図書館のようになってきています。椅子が置いてあって、気に入った本を一時間や二時間読んでいても「何も買わないのならば帰ってください」と追い出されることはありません。ビニールが掛けられているような本を除いては、基本的にはほとんどの本を読むことができます。

ただ、そうした中での子どもたちの活字離れは見過ごせません。いろいろなメディアが発達している現代は、親の時代よりも早い段階から活字離れが進むのではないかという心配があります。自分の子どもには、少なくとも自分が子どもの頃に読書に費やした時間と同じぐらい、本を読んでほしいと思うでしょう。では、どうすればよいのか。

それには、親がまず自分の父や母が読書に費やした時間と同じぐらい本を読むようにすれば、一番いいのではないかと思います。子どもにいくら読書をすすめても、親が本を読んでいる姿を子どもが見たことがなければ、説得力があるとは言えません。親が自分の姿勢を正して、読書をする時間を増やせば、次第に子どもは真似してくれるようになるはずです。

分野は問わない

今、多くの学校で「朝の読書運動」が取り入れられています。これはとてもいい試みだと思うのですが、どうしても学校が中心になってやっているので、子どもたちはなかなか期待するほど読書に興味を持たないようです。とくに、半強制的にみんなと同じ本を読まなければならないというのでは、楽しく遊びながら学ぶということなど期待できるはずはありません。

自分の小学生の頃を思い返してみても、それは断言できます。ぼくは小学校五、六年生まで、基本的には小説をまったく読みませんでした。そういうものには興味がなかったのです。

では、読書を全然しなかったかというと、そうではありません。ぼくは科学に興味があったので、宇宙や生き物についてとか、あるいは相対性理論について、子どもにもわかるように書かれた、小学生向けのシリーズ本をいろいろと読んでいました。

子どもには興味があるものが必ずあります。そうした興味のあるものに関する本を、まずは積極的に読むようになってほしいと思います。

折り紙の本や、将棋の本でもいいのです。親が買ってあげたり、図書館から借りたり、あるいはインターネットのページを印刷したりして、本はいろいろな知恵と知識の宝庫であるという意識を子どもに植えつけましょう。そうするうちに、子どもは次第に興味を引かれる分野の本を自分から進んで手にとって読むようになります。

ちなみに、これは語学の勉強すべてに当てはまることです。

つまり、どんな題材を学習するのかということは、ほとんどどうでもいいのです。大事なことは、本を読むということです。本になっている以上、どんな分野の本であれ、書いてある文章は文法も正しいし、ある程度きれいな文章で書いてあります。何について読むのかではなくて、子どもの興味や関心に合わせて本を読ませることに意義があるのです。

そうした興味や関心がきっかけとなって、読書という習慣が自然に身につくと、ぼくは思っています。

15 文学作品は家庭で親しませる

名作を家に置こう

少し前に、『あらすじで読む日本の名著』という本がベストセラーになりました。本の表紙には、「近代日本文学の古典が二時間でわかる！」と書かれています。おそらく、この本を購入した人のほとんどは大人ではないでしょうか。忙しい日々の生活の中で、何とか短い時間であらすじだけでもわかるようになりたいという、楽して得をしたいという読者の気持ちは非常によくわかります。

ただ、できれば子どもには、この本は大人になるまで読んでほしくありません。また、子どもを持つ親には、この本で紹介されている名作を斜め読みでもいいから全部読んでほしいと思います。そして、読み終わった名作を家庭の本棚に置いておいて、子どもが関心を持ったときにいつでも本棚から取り出して読めるようにしてもらいたいのです。そうすれば、子どもに

「この本はどういう内容なのか」と聞かれたときに説明したり、「これはおもしろい」とすすめたりすることもできます。

子どもには、大人とくらべるとたくさんの時間があるし、どんなに長編の本でも好きになれば最後まで読み通すことができます。好きになったある作家の全作品を読むとか、ある特定の時代の作品だけをまとめて読むなど、多少偏っていても、そうした読書の方が子どもは抵抗なく文学作品を読めると思います。

振り返ってみると、ぼく自身もある作家がおもしろいと思ったら、その作家の作品を次から次へと読んだ時期がありました。その一方で、ハンガリーで有名な作家でも、作品を一切読んだことがない作家もいます。それでもいいのです。子どもが一人の作家の作品をどんどん読むうちに、何よりも自分の母語のレベルが上がるからです。

そもそも、小さい子どもに「将来、大学入試で役に立つかもしれないから、この本のあらすじだけでも読んでおいてほしい」と無理矢理覚えさせても、数年後の入試までに子どもはどれだけ覚えているでしょうか。おそらく、本のタイトルと作家名すらつながらないほど忘れてしまっているでしょう。

古典文学よりも近現代文学を

日本に来て不思議に思ったのは、日本人が古い文学作品の冒頭部分を、わずか一行でもよく暗記していることです。外国ではまずありえません。たとえば、詩を暗記することはあっても、普通の散文を丸暗記するような教育はありませんでした。ですから、『平家物語』の「祇園精舎の鐘の声」という冒頭部分を、人によっては何行も覚えているのは日本人特有のもので、とてもおもしろいと感じました。

ただ、冒頭部分だけを子どもに教えるのは、ほぼ無意味なことだとぼくは思っています。むしろ、親が子どもに作品の内容を話して、どんな話なのかを理解させる方がよほど大切です。たとえば『枕草子』の「春はあけぼの」という冒頭部分だけを覚えて、どんな話なのかわかるかというと、全然わからないでしょう。作品の内容やいつの時代に書かれたものなのかといったことを説明して、古典作品について、何らかの興味を持たせるための努力をすることの方が必要なのではないでしょうか。

はっきり言って、小学生には古典文学よりも近現代文学をもっと教えてもらいたいとぼくは思っています。

日本語は世界一難しい言語です。しかも、今の日本語が確立したのは、明治時代後半ぐらいです。その頃の日本語を、たとえば夏目漱石の本を原文で読んでも、今は読めない人の方が多いでしょう。ましてや、『枕草子』や『平家物語』など平安時代に書かれた原文は小学生には絶対に読めないし、その時代の状況もなかなか想像できません。

それよりも、子どもたちには、毎日の生活にもっと関わりのあるようなものを読ませるべきでしょう。きれいで魅力的な文章を書いている最近の作家もたくさんいます。そういう作家の作品を、親も自ら学びながら子どもに読ませる方がいいのではないかと思います。

決して、将来の大学入試や高校入試に出てくるからといって、小学生に古典文学を早めに教える必要はありません。本を見ても全然わからないし、文学作品を見るのも嫌だというようになる可能性もありますから、かえって逆効果ではないでしょうか。

16 作文はこうすればできる

日本人には自信が足りない

作文、討論、読解力。この三つは非常に大事です。子どものこうした力を伸ばすことについて、親には積極的に協力してほしいと思います。この三つを身につけることによって、子どもの人生全体が変わってくると言っても過言ではありません。

大人も子どもも、今の日本人に一番欠けていると思うのは、自信です。とくに組織を離れて個人になったとき、自信がない人が多いです。自信がないと何事もうまくいきません。身のまわりの事例を見ても、自信のある人が成功して、自信のない人が失敗することが多いようです。

では、子どもたちに自信をつけさせるためにはどうすればいいのでしょうか。算数や英語ができるということもある程度、自信につながるでしょう。しかし、それよりも、日本人としての自信や自覚をもっと高める方法があります。

それは日本語を自分のものにすることだと、ぼくは思います。日本語の勉強を通して、日本語はいかに美しい言語であるか、いかに表現力が豊かであるか、自分が話している言葉がいかに素晴らしい言葉であるかを知ってほしいのです。日本語をうまく使うことができるのは、人間としても、一日本人としても大いに自信を持つことにつながるのです。

そのためには、作文、討論、読解力の三つをもっと磨く必要があります。

読解力はただ長い文章を早く読んで意味を理解するものではなく、ゆっくり味わって、場合によっては読み返すことによって、奥にある深い意味までつかむ力です。また、知らなかった表現や言い方を身につけるためにも必要です。

作文や討論は、まさに本を読むことを通して身につけた、新しい知識を活かす場でしょう。はっきり言って、いきなり討論というものは難しい。そこで、まず自分の立場や意見や考えをまとめた文章を何回か書くことによって、直接、立場が違う相手に対してもよどみなくぶつけることができるのです。もっとも、訓練としての討論は、その場で相手が使う話術を見習うこともとても大切です。

人間にとって、自分が今まで曖昧に感じていたことを言葉にして、ぴったりした表現で表すことは、とてもすっきりするものです。このうれしい気持ちが、さらなる努力へのエネルギー源にもなるでしょう。

父に教わった作文のおもしろさ

では、小学生の頃のピーター君がそんなに作文が好きだったかというと、実は決してそんなことはありませんでした。ぼくはどちらかというと数学と同じように、あるものを説明するときには、できるだけ短く簡潔に伝えることが美しいと思っていました。たとえば、登場人物が着ている服はどんな色だったのかというような、状況をくわしく説明することは二の次だと考えていました。

そんなぼくが、ある程度、作文を好きになるきっかけを与えてくれたのが父でした。これについてもぼくは父に感謝しなければいけないと思います。

ハンガリーの学校では、午後は授業がない代わりに、日本以上に宿題を厳格にやらせる傾向がありました。あるとき、「ぶどう狩り」をテーマに作文を書くという宿題が出されたのです。ぼくはそれまでぶどう狩りに行ったことがなかったので、そんな作文は書けないし、それが理由で明日は学校に行きたくないと父に話しました。

すると、父はそれまでやっていた医学の論文の仕事を中断し、自分の隣にぼくを座らせました。そして、作文の原理である起承転結の説明をしながら、基本的には父が作文をしてくれたのです。ペンを持っているのはぼくですが、文章を作ったのは父でした。

翌日、先生に指名されて、ぼくはみんなの前で作文を朗読しました。そして、その作文は先生に非常にほめられました。

「人の褌《ふんどし》で相撲をとる」とは、まさにこのことでしょう。でも、父のおかげでぼくは作文のやり方がわかったし、また父を見ていて、いかに文章を作る作業を楽しく進めることができるかということもわかったのです。

もちろん、これを機に楽しんで作文するようになったのは言うまでもありません。

作文の授業が少ない日本の学校

残念なことに、日本の学校では作文の授業が少ないようです。せいぜい、小学校低学年で、何かの行事の後に、感想文のような作文の時間があるだけです。もちろん、それは低学年だから仕方がないのかもしれませんが、小学校高学年以上になると、作文の授業が本当に少ないように感じます。諸外国では、小学校高学年や中学校、高校でも、文章をよく書かされます。ちなみに試験というと、日本の場合には解答選択形式が多いですが、ヨーロッパでは作文や論文形式が主流です。

ぼくは、高校時代によく行われた作文の授業を今でも覚えています。

たとえば、「来週までにこの映画を見ておきなさい」といって先生から課題を出されます。すると、みんながそれぞれのスケジュールに合わせて、自分の都合のよいときにその映画を見に行き、後日、その映画についての文章を書かされるといった具合でした。

また、中間テストや期末テストのような大きな試験でも、「ある作家の作品について分析する論文を書きなさい」というような形式が多かったのです。そうした問題は、単に知識を問われるだけではなく、自分の考えや表現力も評価の対象にされます。こうして、ものを読むときは常に「この作家は何を伝えようとしているのか」、「この本の内容をどうまとめればよいのか」と、自問自答し続けていました。

ところが、日本の学校では論文試験はまだまだ一般的ではありません。そういう授業や試験が行われないのであれば、子どもの作文の力を伸ばすためには、やはり親が努力することが求められます。

作文の力をつけるには、まず自分の考えや意見をまとめる能力が必要です。そのためには、小学生の間だけでも、毎晩、その日の出来事や感想を子どもに話してもらうのです。今日はどういうことがあったのか、どのように感じたのか。学校での出来事をある程度くわしく聞くことによって、親と子の絆も強まるし、悩んでいることがあれば、それで親もわかります。また、子どもの今の興味や関心なども把握できます。

もちろん、言いたいことをうまく伝えられない子どももいるでしょう。そこで、子どもも自分の弱点を充分認識して、もっと話し上手になりたいとか、伝えたいことをきちんと言えるようになりたいと思うようになればいいのです。そうすれば、毎日続けていくうちに、上手に自分の言葉にまとめて話せるようになるはずです。

自分が伝えたいことがはっきりつかめるようになったら、そこで初めて作文を書く作業に入ります。ときには、親が子どもの前で実際に書いて手本を示し、その後に子どもに書かせます。もちろん、親の真似でもかまいません。文章の展開やリズムなど、作文のコツをそれでもつかめるからです。

作文の力をつけるのは、何も練習だけではありません。

たとえば、家族の日記というのもおすすめです。週末に親子で公園に行ったこと、川原で自転車に乗って遊んだことなどを絵日記風に書き残すのもいいでしょう。絵が苦手ならば、写真でもいいのです。今ではガラケーやスマホでも、写真は手軽に撮れます。自宅でパソコンに取り込めば、その中から気に入ったものを選んで子どもと文章を考えて、親子の貴重な日記ができるのです。

一般的に普及している機械を積極的に使って楽しむことによって、作文を勉強として意識させない方法で学習させることができれば最高です。

17
討論、発表能力を身につけさせる

日本人は本当に討論が苦手？

よく日本人は、討論や発表が下手だとか苦手だとか言われています。もちろん、日本人だから苦手なのではなく、日本の教育に原因があるのです。

今までの日本の教育では、先生が一方的に話をして、それを生徒がひたすら聞くだけという授業があまりにも多かった。しかも信じられないことに、東京大学という、日本を代表するような大学でも、先生の中には自分の書いた本を学生全員に買わせて、それを授業でただ読み上げるだけの人もいるのです。授業を受ける前にすでに学生たちには先生の本が行き渡っているし、しかも、東京大学に合格した優秀な学生ばかりなので、読むだけならば自分一人でできます。

このように、何のための授業なのかと思わずにはいられないような授業が、日本では依然としてあります。これでは、討論や発表能力が身につくはずがありません。これからは、話し合いや討論をもっと積極的に取り入れた授業が行われることを期待したいものです。

ただ、討論をするためにはそれぞれが自分の意見を持っていることが前提です。そのためには、まず自分の曖昧な気持ちやあやふやな記憶から、なんとか自分の意見を取り出してまとめる努力が必要です。そうした訓練をなぜ日本人がやらないのかというと、これまでは発言する場がなかったからです。

自分の意見をまとめることに慣れていない人にとって、発表の準備はとても時間がかかるし、何よりも面倒です。ぼくは講演会などで自分の考えていることを質問されたり、新聞や雑誌などでいろいろな意見を聞かれたりする機会が多いのですが、それは決して嫌なことではありません。

なぜならば、ある情報に接したときに、自分はこれをどう思っているのかということを、たえず頭の中で整理する訓練を心がけているからです。ニュースを見ていても、単にどこかで事件があったなどと、いろいろな出来事をただ一方的に受け入れるだけでは駄目です。これをどう解釈すればいいのかを自分の頭の中で考えて、何とか一つの意見としてまとめるのです。

ぼくはこうしたことが昔から得意だったわけではありません。外国に住むようになって、たとえばハンガリーに住んでいる親と電話でいろいろなものについて話をしたり、また違う国に住んでいる、経験や考え方が根本的に違う人たちとお互いの意見をぶつけあったりするうちに、表現力が磨かれていったのです。しかし、基本的に自分の意見をまとめることは、学校に通っていたときに覚えました。ですから、これは決して特別な才能ではないと思っています。

日本人だから討論や発表が苦手というのは嘘です。練習すればだれでもかなり上手になるのです。

意見が違っても敵同士ではない

あまりはっきりした意見を持たないのが日本的だ、と言う人もいるかもしれません。これまでは、「意見は食い違うことが多いものだから、あまり自分の意見をはっきり言わないのが当たり前」であり、言わなくても自分の気持ちは伝わるだろうと、「以心伝心」がよしとされてきました。

ところが、今やそうしたやり方では自分の気持ちは伝わらないのが現実です。日本は昔のような村社会でもないし、みんなが同じような環境に住んでいるという一億総中流の時代も終わりました。同じ日本人でも置かれている状況がかなり違ってきたし、経験することも感じることも当然違ってきました。別に日本人同士の意見が違っているからといって、全然不思議なことではないのです。「脱・以心伝心」、「脱・曖昧」がいっそう求められています。

そのような中で、子どもたちにはたとえ意見が違っても、その人は敵ではないということを学校や家庭で伝えてほしいと思います。人間同士がすべてのことに関して意見が同じだったら、その方がおかしいのです。ある人は巨人ファンであり、ある人は阪神ファンであり、またある人は楽天のファンです。では、その人たちが敵同士かというとそんなことはありません。同じ家に住む三人兄弟がそれぞれ違うチームのファンだということもありえるでしょう。

今の時代は個性豊かで、自分なりの嗜好を持っていることが社会的にも求められている時代です。

アメリカの友人の話でこんなことがありました。

彼は高校時代に討論部に入ったそうです。最初の本格的討論のテーマは、「火星人には足が三本あるのか、それとも四本あるのか」というものでした。そこで三本派と四本派に分かれて、「なぜ三本なのか」「なぜ四本なのか」を論理的に裏づけて話し合ったのです。

もちろん、存在しない火星人の足が何本なのかという課題は無意味に聞こえます。でも、討論部の役割は、これを通してよくわかると思います。部員全員にある考え方を押しつけることではない。どうでもよい課題に対しても、一所懸命に自分の主張を支持する事実をうまく並べて、相手が納得する形で説明するのです。討論は決して喧嘩ではありません。一種の遊びだと考えた方が正確です。ただし、遊びとはいえ、この行為を通して話術や表現力がどんどん高まっていくのです。

討論の時間が終われば、スポーツの試合同様、相手と握手を交わすのです。これで友だちでなくなったり、一生敵になったりすることはないのです。

ぼくが入っていたフランスの数学研究チームでは、選挙のときに、いつも共産党に票を入れる人と、中道右派の保守政党に票を入れる人がいました。この二人は、ときには政治に関して激しく言い合うことがありましたが、政治の話題が終わると、二人でチェスをやったり、みんなと一緒に食事に行ったりするような、とても仲のいい友だち同士でした。政治に関する意見だけが食い違うからといって、相手のことが嫌いだとか、人間として認めないなどということはありませんでした。こうした相手の個性を認める精神も、討論を通して育つのです。

そして、もう一つ大事なことは、討論会を通して自分の意見がはっきりすることです。

討論は、練習すればだれでもできるようになります。学校の授業でやる機会がなければ、親子でどんなことでも話し合い、意見を述べ合う習慣をつければいいのです。ただ、「ぼくはにんじんが嫌い。なぜにんじんが嫌いかというと……」などと、子どもが次第に理屈を言うようになったり、予想もしなかったことを言ったりすることを親は覚悟しなければなりません。親が自分の主張を見事に通すことができたとしても、この次は子どもも同じ論法で来るかもしれないのです。親もそれなりの理屈を用意しなければならないでしょう。

18 教科書以外の教材を活用しよう

必要な教材とは？

教科書だけを学習すればいいのかと問われれば、ぼくの答えは絶対に「ノー」です。

教科書というものは万国共通で、どれもあまりおもしろくないのです。いろいろな人の思惑があって、教科書の中にはさまざまな要素が入っています。とくに、国語の教科書は、いろいろな作品からある部分だけが引用されていることが多くて、その作品の選択もかなり偏りがあります。当然、みんながすべてを気に入るわけではありません。もし機会があれば、一度、他の教科書も手に取って見くらべてみるのもおもしろいと思います。日本は、小学校や中学校の国語の教科書だけで何十種類もありますから。

ただ、言葉というのは毎日使ううちに上達するものですから、母語をより高度なものにするためには、どんな内容の教科書を使うかは実はどうでもいいのです。

問題集については、小学校低学年のうちはほとんど使う必要はないでしょう。小学校高学年でも、決して問題集を学習の主軸にしてほしくはありません。たとえ読解力をつける学習でも、問題集を使うよりは、どんな文章も内容を理解できるまで、繰り返しゆっくり読む方が大切です。そして、家庭での会話は、常にきれいな表現を口にするように意識していれば、日本語の感覚も自然と養われていきます。

ぼく自身も日本語の能力、とくに読解力が一番伸びたのはいろいろな本を数多く読んだからだと思います。読解力だけではありません。どんな学習でも、やはり数をこなす必要がありますす。たとえば、漢字の学習についても、前述の「漢字ナンクロ」をやってすべての漢字を書けるようになったのではありません。すでにある程度知っていたところに、「漢字ナンクロ」をやることによって、より確実に書けるようになったのです。

同じように読解力についても、ある程度複雑な文章をたくさん読むことが必要です。

問題集の効果的な使い方

入試のことを考えると、小学校高学年ぐらいからは、ある程度、問題集を使うのは避けられないでしょう。そのときには、一冊の問題集を何度も繰り返して解いた方がいいのか、それとも何冊も解いた方がいいのでしょうか。

これは両方とも立派なやり方だし、できれば両方のやり方をやってほしいとぼくは思っています。つまり、一冊の問題集を何回も解くと同時に、他の問題集もちょっとずつ解いていくのです。一冊の問題集を何回も徹底的にやっていると、当然、その中にある問題についてはどんどん上達します。その後で他の問題集を解くと、実は同様の問題に出会うのです。すると、「この漢字は知っている」「この問題はあの問題に似ている」ということで、解けることがうれしくなってきます。そうやって、自分が着実に進歩していることを実感できるのです。また、自分が上達したという実感が、さらに上達したいという気持ちを高める大きなきっかけになります。

ぼく自身は、中学入試の国語の問題集を好んで解いていました。とはいえ、これからのぼくの人生には、国語の文章問題を解けるようになる必要性はないでしょうから、そういう問題はほとんどやりませんでした。そうではなくて、たとえば、慣用句や四文字熟語の穴埋め式問題や、何画目かを問う漢字の筆順問題などをたくさん解きました。

今でもたまにやるのは、同音異義語の問題です。たとえば、「あらわれる」は「表れる」なのか、「現れる」なのか。「さがす」は「探す」なのか、「捜す」なのか。「かたい」は「堅い」なのか、「固い」なのか。多くの場合は微妙な差しかないようなものばかりで、どちらが正しいのか、判断しかねることがあります。

この同音異義語については、いまだに迷うことが多いので、ぼくは問題集以外にも言葉に関する本を積極的に読むようにしています。岡田寿彦著『ことばあそび同音漢字問題集』（岩波ジュニア新書）や森田良行著『日本語をみがく小辞典』（講談社現代新書）などは、みなさんにもぜひおすすめしたい本です。これ以外にも、日本では言葉に関する本がどんどん出版されていますので、探せばいろいろあると思います。

そうやって、自分がおもしろいと思った言葉には丸をつけたり、実際にその言葉を意識して使ってみたりするといいでしょう。

理想的な問題集とは？

どういう問題集がいいのかというのは、それぞれの学力や好みがあるから一概には言えません。ただ、少なくともぼくは、「なぜ、この解答になるのか」という疑問にも答えてくれるような問題集がいいと思っています。解答だけがあって、何の説明もないという問題集では困ります。論理的な解説があったり、あるいはいくつかの熟語を紹介したりして、なぜ、この解答なのかという理由を示してほしいのです。

たとえば、「おさめる」という漢字は、政治的に治めるとか、税金を納めるとか、学問を修めるとか、いくつもあります。それを熟語で考えたときに、政治の場合は「治める」、納税だから「納める」、修学旅行だから「修める」というような論理的な説明があれば納得できます。

そうやってある程度覚えたら、全然違う文章でも応用できるようになるのです。

そういう意味では、問題集でも試験でも、解答と照らし合わせて、採点したら正解が何割あって「よかった」「悪かった」などと一喜一憂することはあまりよくありません。間違ったものに関しては、何で間違ったのかを確認することが大切です。正解できた問題でも、偶然当たったものがあるから、その解答を導き出した理由をきちんと論理的に説明できるか、確認する必要があるでしょう。

以前に、ぼくの友人が難読地名の本を送ってくれたことがありました。ただ、ぼくはその本を何回見ても覚えられない地名が多かったのです。なぜかというと、ほとんどの問題には理論がなかったからです。なぜこう読むのかという説明がなくて、これはこう読んでいますという解答ばかりでした。何十回も見ていたら、多少は覚えられるでしょうが、何か理由づけがないと、そう簡単には頭に残らないものです。

では、逆にどういうものが頭に残るのでしょうか。それはもっともな理由があるようなものです。簡単な例では、「白」という珍しい名字があります。これは「白」という字に「一」を足したら「百」になるので、九十九と同じで「つくも」と読みます。

また、男性の名前で「十」と書いて、「つなし」という人がいます。一から九までの数字を数えるときには一つ、二つ、三つ……、というように、九つまでは「つ」がつきますが、十にはつかないからです。

地名でも、たとえば東京の八王子に「廿里町」という地名があり、「とどりまち」と読みます。十（とお）が二つなので「とど」というわけです。

このように、一定の論理があるものは覚えやすいのです。漢字の本や問題集についても、「なぜこの筆順なのか」という理由がわかるものが本来は望ましい。理屈を覚えると、まさに「一を聞いて十を知る」ように、まだやったことがない別の問題でも理解することがよくあるからです。

19 居間で子どもの学力を伸ばす

子どもの読書は居間でやらせる

日本語については、できるだけきちんとした文章を読むことが大事だと何度もお話ししました。読めない文字やわからない言葉があれば、手助けをして辞書を引く習慣を身につけさせることもできるので、親がそばで支えてあげる必要があるでしょう。

小学校低学年のうちは、子ども部屋で学習させるのではなく、親の目の届く居間でさせた方がいいと思います。親も居間で何か作業をしながら、子どもが本を読むときにはページごとにわからない漢字や熟語を親にたずねられるようにするべきです。そして、親は嫌な顔をせず、子どもに説明しましょう。自分も完璧にはわからないときは、辞書を引いてその解説を子どもと一緒に読めばよいのです。繰り返しになりますが、母語に関しては親が子どもの最大の先生であるという認識を、親も子どもも持つべきです。

そこでぜひ、どの家庭でも居間には漢和辞典や電子辞書を置いてほしいと思います。とくに、電子辞書は一万円ぐらいでかなり上等なものがあるし、漢字の検索の仕方もずいぶん便利なものが増えてきました。ぼく自身、電子辞書はとても好きなのですが、使っていてうれしいのは漢字の「部品」から検索できる機能です。

たとえば、「遊」という字は、「方」と「子」の二つの部品を入力すると検索することができます。同じように「最」という字も、「日」や「又」を入れると検索できるのです。画数から文字を探そうとすると、ときには間違うこともあります。また、その漢字の部首名は何なのかがわかりにくい場合もあります。ぼくもびっくりしたのですが、たとえば、「東」という字は木偏だと知らなければ、部首から検索しようとしても難しい場合も多いでしょう。

四文字熟語についても、一つの字だけを検索すると、その字を使った熟語を探せるなど、いろいろな検索の仕方があります。電子辞書は、子どもを学習塾に通わせるよりもはるかに安い投資ですので、ぜひ検討してみてはいかがでしょうか。

さまざまな言葉遊び

何度も繰り返しますが、日本語は現代文だけでも充分に難しい。ですから、小学生には、わざと古文に触れさせたり、江戸時代の俳句や詩を暗唱させたりするよりも、もっと現代文を読ませるべきです。今の日本語の文章に触れた方がわかりやすくて親しみやすいし、その方が国語を好きになる可能性が高いのです。

それには、楽しい言葉遊びが有効だと思います。

たとえば、ぼくは回文が好きです。「ダンスがすんだ」「たけやぶやけた」「ぞう、からかうぞ」など、いくらでもおもしろいものがあります。親子で考えて作ってみるのもいいでしょう。

同じように、漢字の熟語にも、上からも下からも読めるものがあります。たとえば、「下手」と「手下」、「中心」と「心中」、「日本」と「本日」、「字数」と「数字」など、いくらでもあります。こうした熟語を親子で探すのも、楽しくてためになるでしょう。

また、ぼくはこんなゲームを考えてみました。ルールはとても簡単です。ある熟語の初めの文字の部首を元に、同じ部首の文字を次々と結んでいって、最終的には元の熟語の最後の文字につなげるのです。たとえば「東京」という文字でゲームをするとしましょう。つまり、「東」から出発して「京」という文字につながればいいのです。「東」は木偏だから、学校の「校」という字にして、その次に魚偏の「鮫」にして、同じ魚偏の「鯨」にすれば、東京の「京」につなげることができます。

ここに挙げたもの以外にも、探せばいろいろと自分たちの言葉遊びを見つけられるでしょう。単なるダジャレでもいいのです。「うちの家族はこんな言葉遊びが好きだよ」というものがあればあるほど、子どもは言葉の学習に親しむようになるはずです。あるいは、子ども向けに書かれた落語の本を親子で楽しむのもいいでしょう。

言葉に親しむ方法はゲームだけではありません。「今週の言葉」や「今週のことわざ」、「今週の四文字熟語」などを家族みんなで考えて、紙に書いて壁に貼るのも楽しいでしょう。親子で言葉を探すことによって、子どももいろいろな言葉に触れることができます。選んだ言葉を父親や母親が紙に書いてもいいですが、せっかくだから子どもに書かせる方がよいでしょう。しばらくの間はみんなの目につくところに貼るわけだから、子どももきれいな文字で書こうと、一所懸命に取り組むはずです。

ときには飴《あめ》も必要

ある程度難しい文章を子どもに読ませるときは、親も一緒に読んで、後からその文章について話し合うのが効果的です。どんな内容の文章なのかを確認したり、子どもがわからなかったところは何だったのかを説明させたりするのです。

ただ、難しい文章を読んで理解させるには、鞭《むち》だけではなくて飴も必要でしょう。それは、作文も討論も同様です。

「この本をちゃんと読んだら、遊園地に連れて行ってあげよう」「作文をうまく書けたら、新しい自転車を買ってあげよう」などと、どんなことでもいいのです。ただ、誤解しないでほしいのですが、ぼくは別に子どもを甘やかそうと言っているのではありません。たとえば、遅かれ早かれ買い替える予定だったものを条件つきにしてもいいし、場合によっては土壇場で条件を緩めてもいいのです。いろいろな飴が考えられるでしょう。

ぼくも子どもの頃に、「これをやったら、喫茶店に連れて行って大きいアイスクリームをごちそうしてあげる」と言われると、それが励みになったものです。達成感も増えるし、実際に終わってから食べるアイスの味もまた格別でした。もちろん、自分の小遣いでアイスを食べることもできました。でも、それとは別に、何かを成し遂げた対価としてもらうこと自体がうれしかったのです。

漢字をもっと書けるようになりたいとか、作文がうまく書けるようになりたいとか、勉強の目標は人それぞれです。また、もっと大きな目標としては、子どもたちが幸せな人生を送れるように学力を伸ばすということがあります。とはいえ、その目標を達成するまでには、子どもたちにはあまりにもたくさんの時間が必要です。その目標に到達するまでの間に、小さな対価を得ることは決して悪いことではありません。

親が子どもに「あれをしなさい」「これをしなさい」と鞭打つのは簡単です。しかし、できるだけ飴を与えることも、やる気を持続させるためにぜひ忘れないでほしいのです。

多くの親は、これまで子どもの学力が伸びないのを、学校や国のせいにしてきました。検定教科書の学習範囲の変更などの動きをみても、たしかに国や学校の教育にも原因があったと言えるでしょう。でも、いくら国や学校のせいにしても子どもの学力が伸びないならば、不幸になるのはわが子です。だから、親が文句を言うエネルギーを直接、子どもの教育に注ぐべきです。子どもと二人三脚で学習すると、子どもにはもちろんのこと、親自身の人生にもプラスになるでしょう。日本文学のさまざまな名作に再び触れることは親にとってもエネルギー源になって、複雑で難しい今の時代を生きるうえでも、いろいろなヒントを与えてくれると期待できます。

第三章

算数を制する子どもは受験を制す

20

まずは算数の性質を知る

算数はどの教科よりも一番難しい

算数教育のレベルの差というのは、国と国とのレベルの差をもっとももよく表しているのではないでしょうか。なぜなら、算数や数学のレベルがその国の一般的な知的レベル、さらに長い目で見れば、その国の経済的レベルや生活水準とも大きくつながってくるからです。

はっきり言って、小学校で学ぶ教科の中で算数が一番難しい。

算数がいかに難しいかは、歴史をひもとけばよくわかるでしょう。人類は字を書けるようになる前から、言葉でお互いにコミュニケーションをしてきました。そうした言葉にくらべると、数に関する表現が発達したのははるかに遅かったのです。

たとえば、ハンガリー人がフィンランド人と分かれて、ウラルの方から西に移動を始めた二〇〇〇年前には、数字は2までしかありませんでした。10までの数字が出そろったのはわずか一〇〇〇年ほど前だそうです。ですから、ハンガリー人はローマ時代の頃には1、2、多い、と数えていました。ちなみに、フランス語のun《アン》（1）、deux《ドゥー》（2）、trois《トロワ》（3）の「トロワ」という言葉の語源は、「多い」です。

日本語で使われている数字は、もともと日本語にあったものではありません。全部中国から入ってきました。その中国に数字をもたらしたのはインドでした。仏教を通して、中国に数え方が伝わっていったのです。みなさんもご存じのように、十進法もゼロもインド人が発見しました。アラビア数字は、イスラム系の人がインドから学んで、ヨーロッパまで運んでいっただけです。

このように、人類がきちんと数えることができるようになったのは、そう早い段階ではありませんでした。

大人も間違えるフランスの数の表し方

中国から輸入されたことによって、日本では非常に便利な数え方が使われています。日本語自体は難しいものの、23、58、３４６など、こういう数は完全なる十進法でわかりやすい。ところが外国に目を向けると、たとえばフランス語では、「99」は、

quatre－vingt－dix－neuf（カトルヴァンディズヌフ）、

4×20＋19

という表現になっています。「96」になると、

quatre－vingt－seize（カトルヴァンセーズ）

4×20＋16

ちなみに、このseizeは10と6から組み合わさったものではなく、16を表す特別な単語です。フランス語を学ぶ外国人にはもちろんのこと、フランスの小学生たちにとっても、この表し方を覚えるのはかなりの負担でしょう。実際、フランス人の中には大人でもなかなか数字を正確に書けない人が多いのです。外国では、小切手や領収書に金額を書くときは、数字で書くと同時に文字でも書きます。日本でも正式に書く場合、一万円を「壱萬円」と書くことがあるのと同じです。おまけに、英語だったら、three thousand four hundredなどと書きやすいのですが、フランス語の場合は綴《つづ》りが結構難しいのです。

このように、人類は数字を覚えたり、数字のシステムを作ったり、数を表したりするのにとても苦労してきました。それだけでも、算数が語学や他の教科よりも難しいということがうかがえると思います。ある国の知的レベルは、算数のレベルと比例しているのではないかという

ことを、ぼくは世界をたくさん旅してきて感じたのです。

そういう意味で、日本に来てすごくうれしかったし、とても驚きました。日本は算数のレベルが非常に高かったからです。中学入試の算数のレベルもそうですし、大多数の人は基礎的な計算力が身についています。街で出会った人たちでも、僕が数学者だと聞くと「これを解けますか？」などと問題を出したり、数学的なゲームやパズルを紹介してくれたりしました。本当に、算数や数学が教養として身についていると感じられました。

算数は高層ビル

ここでもう一つ、算数が他の学問よりも難しいことを紹介したいと思います。

それは、一度ついていけなくなると、追いつくのが困難な構造であるということです。たとえば、文学や地理など他の教科の学習を考えると、これは「平屋」の構造だと言えます。日本の地理をまったく知らなくても、南米の地理を勉強することはできるし、逆にインドネシア最大の四つの島の名前を知らなくても、日本の地理を勉強することはできます。同じように文学も、ある文豪の作品を一切知らなくても、他の文学者の作品を知っているということもあります。

ところが、算数や数学は平屋ではなくて、高層ビルや、塔、ピラミッドの構造なのです。高層ビルは、途中の階を取ると崩れてしまいます。どこかがちょっとでもわからないままで算数を学習するのは、あたかも空中に建物を建てるようなものです。だから、最初にわからなくなったところに戻って、もう一度やり直すしかないのです。面倒臭くても、それしか方法がありません。これは算数の難しいところでもあるし、逆に算数が好きな人にとっては魅力でもあるのです。なぜなら、ある一つの問題を解くためには、ときには計算や図形などの知識を総動員する必要があって、算数は全部がつながっていると実感するからです。

また、算数は小学校で学ぶ教科の中で、間違いなくもっとも抽象的な学問です。算数や数学が嫌いとか、できないとかいう人たちには、抽象的に思考する能力が乏しかったり、よく理解できなかったりする場合が多いのです。

人間には抽象能力が必要で、物事をいつも決められたルールに従って考えています。たとえば、大人と子どもがいて、それをどう数えるのか。電車に乗る場合、小学校に入るまでは子どもの運賃は無料ですね。また、小学生の料金は半額です。大人三人と小学生二人の料金は、大人四人と同じ料金ですし、赤ちゃんが五人いても運賃はやはり無料です。このように、電車の料金の場合は、

大人は1、子どもは1/2、赤ちゃんは0

と数えられます。ところが、「ここには人間は何人いるのですか」という場合には、当然みんな一人ずつ数えなければなりません。

同じように、リンゴの数え方についてもいろいろあります。スーパーでは、リンゴが一ついくらで売られている場合もあれば、一キログラムいくらという量り売りもあるし、一袋いくらということで大きさがまちまちのリンゴがまとめて入っているものもあります。

つまり、算数や数学の数え方というのは、すべては定義次第なのです。一袋いくらで売っているスーパーで、一個いくらで買いたいといっても断られるだけです。算数もこれと同じことで、そのときそのときのルールを素直に受け入れることができれば、算数や数学の学習には充分ついていけると思います。

「できる」「できない」がはっきりしている

算数は、一所懸命考えても何も答えが出てこなかったら、その問題ができなかったということがはっきりしています。正解は53なのに、自分の答えが21になってしまったら、大きく間違っているし、たとえ自分の答えが52で、正解の53には近いとしても、不正解は不正解です。

これは、たとえば作文とは全然違います。作文は、極端に言えばだれでも書けるのです。先生が作文に与える評価も、文章がある程度書かれていれば零点にはならないでしょう。何点かはもらえるはずです。でも、算数の場合は、いくら途中の計算を一所懸命に書いたからといって、零点になることも珍しくありません。

それほど「できる」「できない」がはっきりしている教科が算数なのです。算数はできたらうれしいし、自信も出てきます。逆にできなかったら、どんどん苦手意識が強くなります。「苦手だから、算数はあまりやりたくない。その上、他の人は順調に進むのに、自分だけ発展がなければさらにやる気がなくなる」というように、苦手意識は悪循環を生んでしまうでしょう。

ちなみに、私立中学の入試で点数の格差がもっとも生まれるのが算数です。算数の得点は、一番ばらつきが多いのです。逆に言えば、算数を克服できたら、第一志望校に入れる可能性はとても高くなります。

21 算数はだれでも好きになれる

「あなたは算数が好きでしたか？」

ぼくが今まで街を歩いているときに一番よく質問されたのは、「どうやったら、うちの子はもっと算数ができるようになるのか」ということでした。もちろん、真面目に答えることもありますが、たまには逆にこちらからこんな意地悪な質問をすることもあります。

「お母さん、あなたは算数が好きでしたか？」

すると、「いいえ、大嫌いでした」「算数の成績は悪かったです」などという答えが返ってくることが多いのです。そこで、「背の高い人は、両親のどちらかが背が高い場合が多いでしょう。同じように算数の能力も少しは遺伝があるのです」と、ぼくは答えます。

もちろん、それほど単純なことではありません。ただ、子供同士の学習能力に差があるのも事実です。あまり勉強しなくても算数ができる子もいれば、熱心に取り組んでいるのになかなか算数ができない子もいます。

また最近では、「あなたが私の先生だったら、算数がきっと好きになった」「こんなに楽しい先生がいたらもっとできるようになった」などとよく言われます。たとえお世辞でもとてもうれしいです。しかし、これは半分しか当たっていません。先生として壇上に立って教鞭を執るということと、こうして本を書いたり、街で芸をやったりすることは違います。

しかも、みんなに有効な方法があるかというと、そんな方法はありません。その子によって最適な方法は違ってくるからです。したがって、本当は子どもを一番よく知っている親が、子どもの適性に応じた工夫をしなければならないのです。

算数教育番組『マテマティカ』の役割とは

ぼくがＮＨＫ教育テレビで出演していた子ども向け算数教育番組『マテマティカ』は、当初は三年間の予定でした。ところが、人気が高くて、番組は丸五年も続きました。それはとても誇らしいことです。「うちの子どももよく見ています」「私も小学生のときに見ていました」など、非常にたくさんの人たちに声をかけられるようになりました。

この番組を見てくれた人にはぜひ思い出してほしいことがあります。それは、番組の中には公式が一つも出てこないということです。３＋７＝10や４＋６＝10など、足し算で答えが10になる計算式が何通りあるのかというようなものは少しあったものの、決して算数を本格的に教える番組ではありませんでした。つまり、世の中にはあちらこちらに何らかの形で算数があるということを示したり、算数のおもしろい面を紹介したりする、一種の算数PR番組でした。ですから、この番組が好きだったからといって、学校でも算数が好きになるとは限らないのです。少しでも算数を意識させることで、「算数はおもしろいかもしれない」と思わせるのが番組の役割でした。そこから先は、各家庭でみなさんが努力しなければ算数ができるようにはなりません。『マテマティカ』を見て、楽しんで、わかったつもりでも、実際に算数がわかったわけではないのです。それは、テレビで病院に関するドラマを見たからといって、医者として開業できるわけではないのと同じです。いろいろな病気があるとか、こういうときに医者はこんなことをするということがわかっても、もっと深い勉強をたくさんしなければ医者にはなれません。『マテマティカ』は、算数の種をまいただけで、農作業のほんの始まりなのです。作物を育てて収穫を得るためには、そこからまだまだ長い時間が続くのです。

では、どうやって工夫するのか。これはすべての人に当てはまるような方法がないので、なかなか難しい。実を言うと、ぼくは算数に関しては子どもを塾に通わせたり、家庭教師に頼んだりするのを、場合によっては認めているのです。子どもの算数の学力を伸ばすためにいろいろなやり方を試して、全部効果がなかったら、「もう塾しかない」と親が言うのも仕方がないことだろうと思います。

ただ皮肉なことに、成績がいいのに自ら塾に行きたいと言う子の方が塾でますます算数の成績が伸びて、逆に成績が悪い子が塾に行ってもあまり伸びないということは往々にしてあります。むしろ、全然算数ができない子には、塾へ行かせるよりも家庭教師をつける方が算数ができるようになるのではないでしょうか。

とはいえ、低学年の算数の学習は、ぜひ親子で一緒にやってほしいです。親と子の能力にはある程度の因果関係があっても、進歩がないというわけではありません。今の日本人は一〇〇年前の日本人よりもうんと背が高くなっています。アメリカ人もハンガリー人もそうです。同じように、今の子どもも親よりは算数を理解する能力が平均すると伸びているのではないでしょうか。しかも、子どもは吸収する力もスピードも親より優れているのが普通です。安易に塾に行って、周囲の人が自分よりもできると感じてしまうと、落ち込んでやる気をなくすかもしれません。

親子で学習すれば、子どもは自分のペースで学ぶことができます。また、親が子どもの苦手な部分を把握することで、子どもが苦手意識をなくし、問題が解けるおもしろさを感じて好きになるように工夫することも可能になるのです。

22 小数、分数はこうやればできる

子どもの力を見極めるポイント

親は、子どもが小数や分数の簡単な問題にどんなに一所懸命取り組んでもなかなか理解できなかったら、子どものことを真剣に考えるべきではないかと思います。つまり、かけがえのない子ども時代を奪って、無理矢理、毎日何時間も勉強をさせて、その子の学力水準よりも少し高いレベルの私立中学校に何とか滑り込ませるのが、本当にその子のためになるのかということです。

ぼくは、そう考えずにはいられない例を何度も見てきました。あるお金持ちの家庭の親は、とても教育熱心でした。家庭教師を雇って、塾にも通わせて、子どもは有名な私立中学校に何とか入ることができました。しかし、その学校での成績はいつもビリに近い状態だったのです。

その学校は中高一貫校だったので、その子は六年間でどんどんやる気をなくして、結局、希望した大学はおろか、それよりレベルがかなり低い大学にしか入ることができませんでした。成績がトップクラスの生徒ならば東京大学に何人も入れるような進学校でも、その学校のすべての子どもが同じようになれるかというと、そうではありません。成績が下位で入った子は、卒業するときまで成績が振るわないことも多いのです。「鶏口となるも牛後となるなかれ」ということわざもあります。無理して高いレベルの学校に入るのは、子どもにとってプラスにはならないとぼくは思っています。

前述の『13歳のハローワーク』で、村上龍さんがたくさんの職業を紹介しているように、人生にもたくさん種類があります。今は昔のように、「サラリーマンは気楽な稼業」という世の中でもないでしょう。子どもが幸せに生きることができるための教育をするのが一番なのです。

親も一緒に努力してきたのに、どうしても子どもの学力をうまく伸ばせなかったと仮定しましょう。それでも、子どもの力がすり切れるほど勉強させて私立の有名中学校に入学させて、子どもが算数嫌いになってしまったら、本末転倒です。それよりも、家から近くて通学に便利な公立の中学校に入れて、あせらずに三年間じっくりと勉強をさせる方が、子どももやる気が出る可能性があります。そうすれば、高校からレベルの高い学校に進むという選択肢もあるのです。

このように、私立の中高一貫校に入れるのが、すべての子どもにとって必ずしもベストというわけではないことを、よく知っておいてもらいたいのです。

分数計算を間違えるわけ

以前に、『分数ができない大学生』という本が話題になったのを覚えているでしょうか。ぼくも読みましたが、これにはびっくりしました。日本人はあれだけ算数の能力が高かったはずなのに、ここまで下がってきたのかと思わざるを得ませんでした。

分数の計算を間違ってしまう原因の一つは、実は非常に簡単です。そもそも、あまり分数自体がわかっていなかったのです。すべてをただルールとして覚えていただけなのです。

たしかに分数の場合には、かけ算は分子と分子、分母と分母をそれぞれかけて、答えが出ます。それと混同して、分数の足し算でも通分もせず、分子と分母も足せばいいと間違ってしまう人がかなり多いのです。

分数計算で迷った時には、最も簡単な分数である$\frac{1}{2}$と$\frac{1}{2}$で確認すれば思い出すはずです。$\frac{1}{2}\times\frac{1}{2}$は$\frac{1}{2}$の半分ですから、半分の半分で、答えは$\frac{1}{4}$だとわかります。一方、足し算の$\frac{1}{2}+\frac{1}{2}$の答えは、言うまでもなく1です。半分と半分を足すのですから。これをかけ算のように分母と分母、分子と分子を単純に足してしまうと、

$$\frac{1}{2}+\frac{1}{2}=\frac{2}{4}=\frac{1}{2}$$

となってしまって、これではおかしいということに気がつくでしょう。

このように、自分が思っている公式に少しでも疑問があったら、簡単な計算に置き換えてみると確認しやすいはずです。

先ほど、算数は難しいと述べましたが、中でも分数は格段に難しいと言えるでしょう。分数を理解するために、人類はかなり苦労してきました。それは言語を通しても検証できます。$\frac{1}{2}$を英語ではハーフ、日本語でも半分というように、それぞれの言語によって$\frac{1}{2}$を表現する特別な言葉があるほどです。このことからわかるのは、半分やハーフという言葉ができた頃はまだ分数というしっかりした概念がなく、ただ「何か二つに分かれている」ということで、全体を同じ大きさの二つの部分に分けて、その二つから一つを取るという意識はなかったようです。きちんと分数を書けるようになったのはずっと後のことなのです。かなり優れたエジプト文明でも、分数として存在していたのは分子が1であるものだけでした。

また、日本で0・53というような小数の書き方ができたのも、実は明治時代からです。江戸時代はまだそのような表し方ではありませんでした。今でもありますが、当時は五割三分というような表し方だったのです。

基本は「丸いケーキ」

いろいろな問題を解くのもいいですが、実際に丸いケーキを買ってくるか、図に描くかして、$\frac{1}{3}$や$\frac{1}{4}$にカットするだけでも、視覚的で強い印象を子どもに与えます。丸いケーキを使えば、$\frac{1}{2}\times\frac{1}{2}$も非常にわかりやすいはずです。丸いケーキを縦に半分に切って、さらに横から半分に切ると、$\frac{1}{4}$で半分の半分になりますから。あるいは$\frac{1}{3}$に切って、さらにその一つ一つを半分に切れば、$\frac{1}{6}$になることもよくわかります。何もケーキだけではありません。板チョコレートを分けてもいいのです。家族の人数分に分けたり、これは全体の何分の一なのかを意識させたりすると、子どもの興味も理解も違ってくるでしょう。

$$\frac{1}{2}+\frac{1}{3}=\frac{5}{6}$$

この計算では、ある有名な問題があります。

「誕生日会に六人の子どもがいて、まったく同じ大きさの丸いケーキが五つあります。これをどうやって公平に子どもたちに分ければいいのでしょうか？」

数式通りに機械的に考えてしまうと、一人の子どもの取り分は$\frac{5}{6}$です。そこで、五つのケーキがあるから、それぞれ$\frac{1}{6}$だけを切り分けて、残りの$\frac{5}{6}$をそれぞれ五人の子どもにあげて、そして六人目の子どもには残った五切れの$\frac{1}{6}$のケーキをあげることになります。でも、こんなに切り分けなくても、もっときれいに分け与えることができるのです。

ではどうすればいいのか。

この問題の美しいところは、まず、丸い三つのケーキをそれぞれ半分に切って、残りの二個のケーキを三等分するのです。つまり、半分の大きさのケーキと、三分の一の大きさのケーキがそれぞれ六つできるのです。そこで、それぞれの子どもは、半分の大きさと三分の一の大きさのケーキを一つずつもらって、みんな同じ形のものをもらって幸せということになります。これによって、先ほどの計算式も、具体的なイメージで理解できるでしょう。

分数をただルールとして理解していると、このようなケーキの分け方は思いつかないかもしれません。これに似たような問題はたくさんあるので、親子で工夫して取り組むと、苦手な分数に興味を持つようになるのではないでしょうか。

丸い5個のケーキを6人で分けるには？

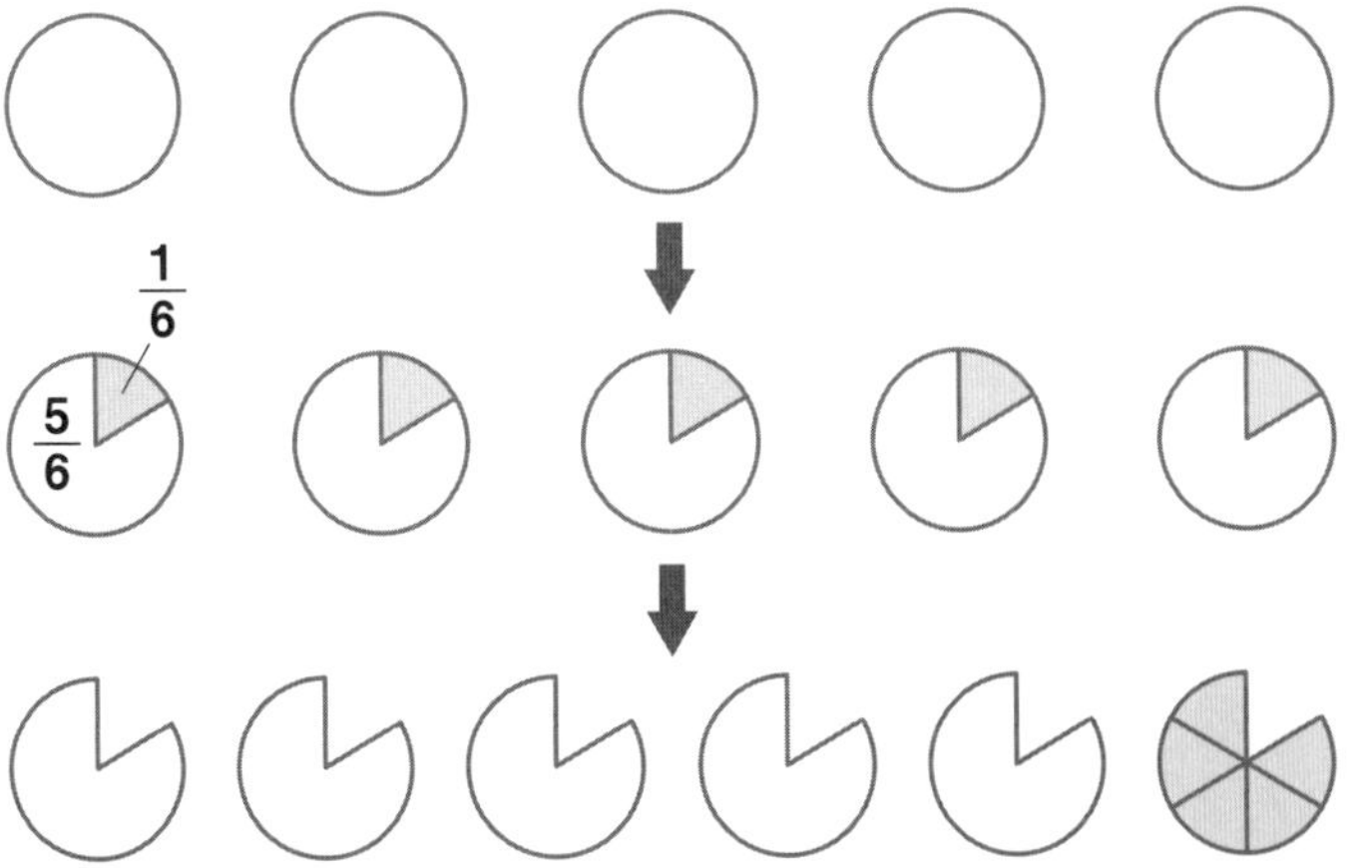

もっときれいに分けるには？

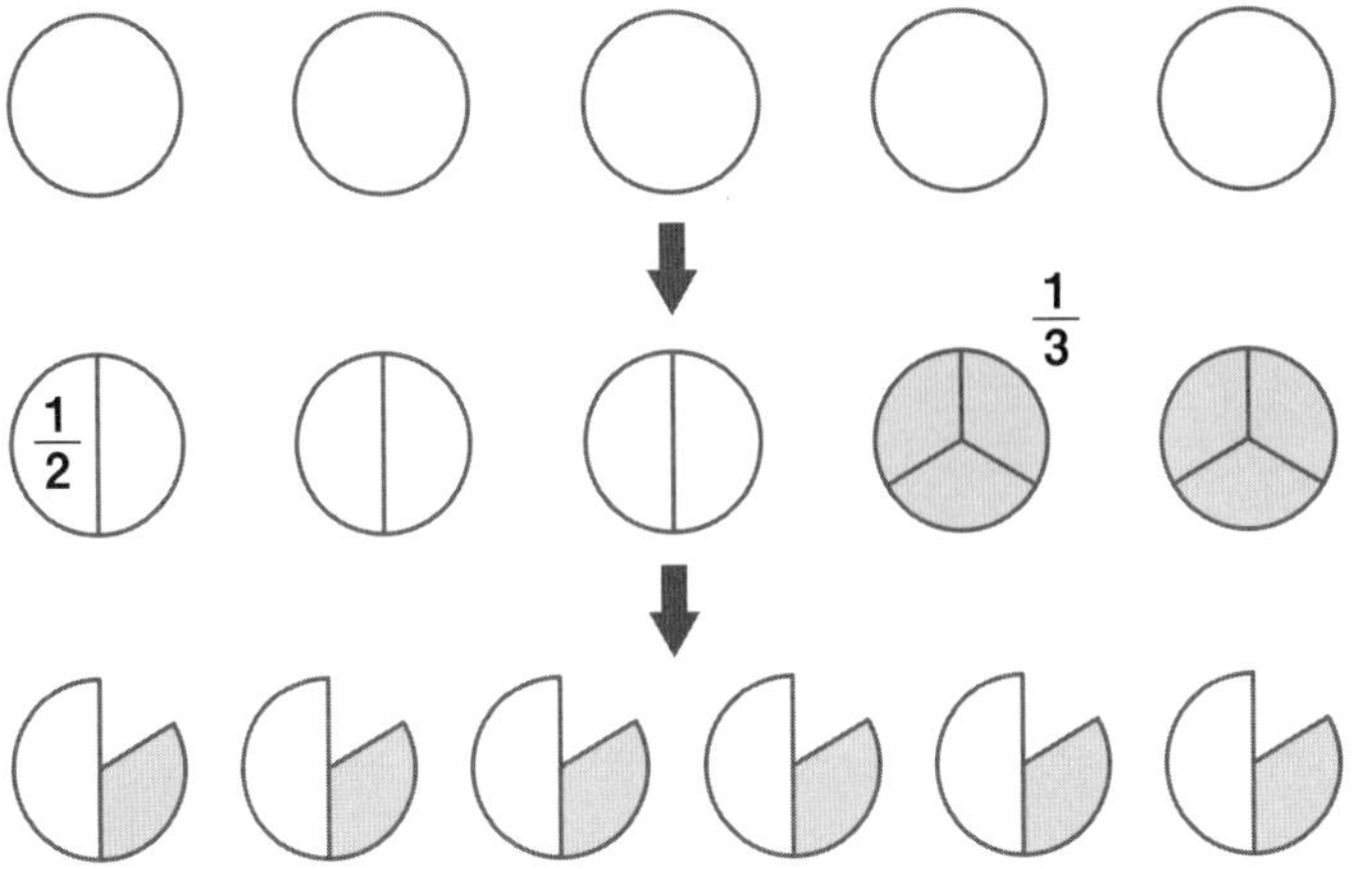

23

学習指導要領は恐れるに足りず

何のために算数を学習するのか

ご存じのように、二〇〇五年度から小学校の教科書では、小学五年生の台形の面積を求める公式や、三年生の三桁同士のかけ算など、一度は削減された学習内容が「発展的な学習内容」として再登場しました。

それまでに行われた、小学校の学習内容のいくつかを中学校に移したり、中学校の学習内容を高校に移したりするのが「ゆとり教育」だったとしたら、文部科学省は態度を誤ったとぼくは思っています。結局、人間はどんなことでも一回ではなかなか覚えられないのです。何度も繰り返して学ぶことによって、初めて定着します。これまでにも小学校で習った内容が、実際には中学校や高校でもいろいろな形で繰り返されてきました。それは、教育現場にくわしい人たちが、小学校だけでなく、中学校や高校でも、同じものを何回も繰り返し教えることによって子どもの学力は身につくということを知っていたからです。

その後、国はいわゆる「ゆとり教育」への批判を背景に、二〇一一年度から実施された現行の学習指導要領では授業時数を増やしました。さらに、二〇二〇年度から小学校で全面実施予定の次期学習指導要領も、現行の学習内容や授業時数を削減しないことになったのは、みなさんもご存じの通りです。

ぼくは、何よりも学習時間が一時期減ったことが一番悲しいと思っています。

もしかしたら、国がかつて教育改革をやったのは、冷え込んだ消費を増やそうと目論んでいたからではないでしょうか。二〇〇二年から学校に完全な週5日制が導入されて、土日が休みになって、親子で週末にどこかへ出かけたり、いろいろなものを消費したりする、短期の経済効果を考えただけなのではないかと疑いたくなってしまいます。仮にそうだとしたら、短期の経済効果は多少あるかもしれません。しかし、長期の経済効果を考えると、教育に「ゆとり」を増やすのではなく、もっと教える時間と内容を増やすべきだったのです。

これまで、日本が世界で躍進してきたのは、算数のレベルをはじめ、一般的な教育のレベルが諸外国よりも高かったのが一番の要因だと思われます。その高いレベルを下げたのは大きな罪でした。日本の将来を怪しくするものと言ってもいいでしょう。

実際に、学習内容を削減した当時の教育改革に関わった先生方に話を聞いたところ、せめて分数の計算だけは小学校に完全に残すことを認めてもらおうと非常に苦労したそうです。残念ながら、日本の官僚は文系の人が多くて、算数はどうでもいいと思っている人が多いとしか思えません。

算数を学ぶ一番の意義は何か。

それは、算数を通して論理的な考え方ができるようになることです。長い文章問題などを自力でたくさん解くことによって、ＩＴ時代にとても大切な情報処理能力も鍛えられます。

たしかに、大人になったら、小数や分数の計算をするような機会はそんなにないでしょう。必要ならば、電卓でいろいろな計算もできます。算数の学習を通して本当に必要になるのは、情報化社会の中で大切な情報とそうではない情報を見分ける力です。大切な情報を元にいろいろな結論を出したり、自分の人生で岐路に立ったときにどちらに進めばいいのかを決めたりできるかが、これからはますます重要になってくるのです。

算数の中で情報処理能力が一番鍛えられるのは、計算問題ではありません。文章問題です。文章問題には説明が長いものもあります。その説明の何をヒントに、どうやって考えて、何を計算するのか。正確な計算ももちろん必要ですが、何をどう計算するのかがとくに大事になってくるのです。

円周率と台形の面積

以前、学習内容の削減でもっとも話題になったことが二つありました。

一つは円周率です。

円周率は本当に3でいいのか。これまではずっと3・14とか、あるいは3・14159などと何桁も覚えてきました。それが3になってしまったら、困るのではないかと言われたのです。

実は3で計算しても、そんなに大した問題ではありません。もちろん、わざわざ3にする必要はないとぼくも思います。しかし、苦労して何桁も円周率を覚えて、計算して間違えるよりは、3で計算した方が、はるかに早くて確実です。

江戸時代初期に書かれた『算用記』によれば、当時は円周率を3・16で計算していたようです。明治以降に、やっと日本で3・14が一般的になったのです。とはいえ、3・16で計算したためにその頃の建物が崩れたという話は聞いたことがないし、あるいはまた商売がうまくいかなかったという話も聞いたことがありません。考えてみると、3・14と3・16の差は1パーセントにも満たないのです。だから、実際の生活ではそこまで厳密に計算しなくても本当は不都合がないのです。ちなみに、ピラミッドが造られた古代エジプト時代には、3・16で計算していました。

それよりも、ぼくは小学校の算数で改善すべき点がたくさんあると思っています。

たとえば「総合的な学習の時間」というものがあります。みんなで老人ホームに行ったり、自然に触れあったりするのはとても素晴らしいことです。しかしながら、そうした活動ばかりではなく、算数の実験も同じように扱ってもいいのではないでしょうか。語呂合わせで何桁も円周率を覚えるよりも、円周率とは何なのかということを、子どもたちが実感として知るのも大切なことです。

円周率はπ《パイ》で表します。ギリシア語で「ペリメトロス（周りの長さ）」という意味の単語の頭文字で、円の周囲の長さを直径で割るという比率なのです。円の大きさとは関係なく、周囲の長さを直径で割った数値は常に一定です。このことを、実際に確認してみればいいのです。

これは丸いものなら何でもいいので、もちろん家庭でも簡単にできます。

たとえば、大きな鍋のまわりに糸を巻いて、その糸の長さを計ります。次に、鍋の直径も測って両方の数の比を計算してみれば、円周率が理解できるのです。多少の誤差はあるから、もちろん完璧ではないかもしれません。それでも、そうやって手で覚える算数を通して算数のおもしろさが伝わるとしたら、やってみる価値は充分にあります。

また、もう一つ話題になったのが台形の面積の公式です。

みなさんもよくご存じの「(上底＋下底)×高さ÷2」。これも、ぼくはどうでもいいと思っています。たとえ台形の公式を知っていても、これだけしか知らないというのは、とてもさび

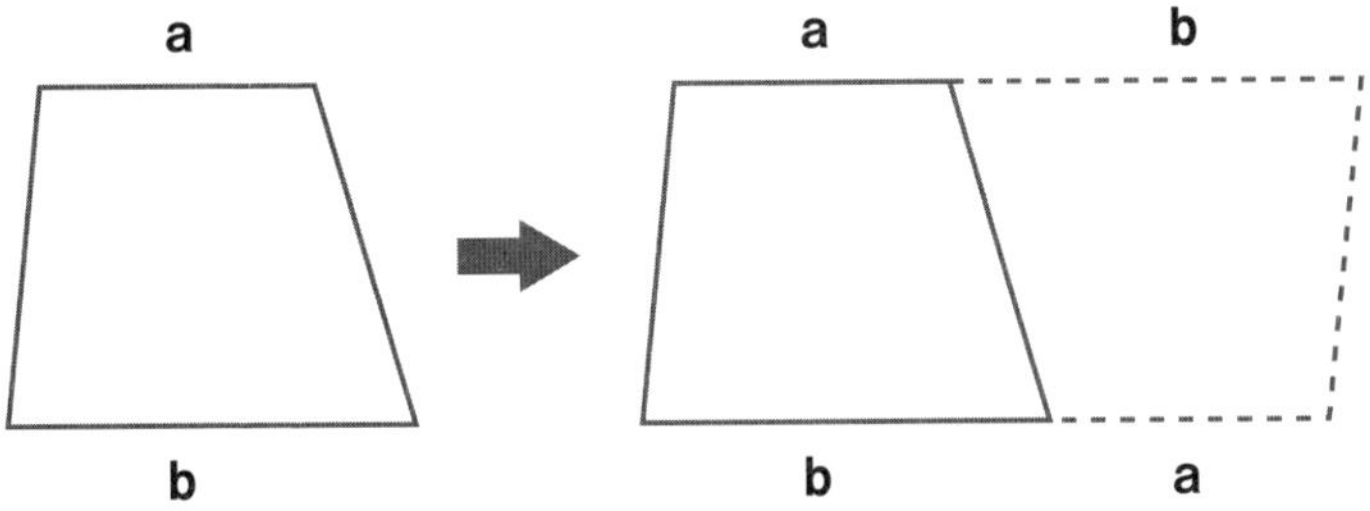

しい話だからです。

むしろ大事なことは、この公式の導き方なのです。ある台形に、同じ台形を逆さまにしてつなげると、ちょうど一つの平行四辺形になります。そして、平行四辺形の辺の長さはａ＋ｂですから、平行四辺形の面積は、ａの辺＋ｂの辺×高さです。ただ、平行四辺形は二つの台形から作ったので、面積はその半分ということになります。

これは、以前に登場した「知識」を覚えるのか、それとも「知恵」を覚えるのかということです。知恵を覚えれば、台形以外の図形の面積も似ている方法で求めることができるし、台形の公式を暗記しなくても、いつでも公式を導くことができるのです。

問われる先生たちの力量

現場の先生方と話をすると、教えることに自信がある若い先生は、「文部科学省がどういうことを決めようと、現場に力があるから、そんなに心配しなくていい」と答えます。

たしかに、ぼくが親しい数学の先生は、数学を教えるレベルが高く、しかも、教えることに非常に熱心です。そういう先生の手にかかれば、どのような学習指導要領でもたいして困ることはないでしょう。授業でわからなかった子どもは、放課後や、あるいは休日に直接教えてもらうことも期待できそうです。

でも、そこには一つ問題があります。平均レベルの先生にはそんなことは期待できないということです。

とくに日本の小学校は、残念なことに算数を専門に教える先生がいません。小学校の先生は、基本的にはすべての教科を教えています。そして、多くの先生は算数が好きだから先生になったというわけではありません。ほとんどの先生は子どもが好きだから、あるいは教えることが好きだから教職に就いたのでしょう。多くの場合、そういう人たちはそんなに算数が好きではないようです。毎日の生活の中で、算数が役に立っているということをあまり認識していないのです。そういう先生にとって、学習指導要領の範囲が狭くて、教える時間が少ないことは喜ばしいことかもしれません。あまり好きではない算数を教えなくてもいいのだからと、「総合的な学習の時間」でも算数を教えるどころか、野山に出かけたり、川辺にいる生き物を観察したりしようとするような先生がとても多い。

学習指導要領が改訂される影響はとても大きいと言えるでしょう。公立の学校が一概に駄目だとは決して思いません。それでも、あえてもっと厳しい教育を与えている私立の学校に、自分の子どもを入れようという親の考えにはぼくも賛成です。

各国の算数教育事情

かつて、日本は国際的な算数能力の比較テスト（ＰＩＳＡ）でトップでした。ただ、忘れてはならないのは、日本が断然トップだったのは、純粋な計算問題だけだったという事実です。数学の能力を世界的に測る機関によって、広範囲に行われる本格的なテストは、だいたい一〇年に一度ぐらいです。そのテスト問題も、単純な計算問題は一番まんべんなくどの国でもやれるもので、全体の半分、もしくはそれ以上を占めていて、残りは文章問題になります。その文章問題については、日本は三〇年前にすでにトップではありませんでした。今や計算問題もトップではないのですが、文章問題にいたっては一時期、順位が二桁まで下がってしまいました。これは、日本の将来を考えるととても残念なことです。

では、他の国では算数の教育をどのように進めているのでしょうか。ヨーロッパの国々をみると、どこも一律に算数の力を伸ばすということを重視していないようなのです。

たとえば教科書には、大きい文字で書いてあるところと、小さい文字で書いてあるところがあります。つまり、大きな字で書いてあるところは必ず覚えなければなりませんが、小さい字の部分は覚えなくてもいいとされているのです。興味がある子どもは読めばいいし、興味がない子どもは読まなくてもいいのです。これは算数に限らず、文学の教科書でも、歴史の教科書でも同じです。テストには出題されなくても、興味があれば読んで手軽に得られる知識が外国の教科書には盛り込まれていました。

二〇〇五年度からの日本の教科書でも、学習指導要領に示されていない「発展的な学習内容」がいくつか取り上げられることを文部科学省が認めました。ぼくは、こうした対応をもっと推し進めるべきではないかと思います。

とはいえ、子どもの知的好奇心に応じられるのは、何も教科書だけではありません。余裕のある生徒には、先生がもうちょっとプラスになるような高いレベルの本を貸したり、独自に作成したプリントを渡したりすることはできるでしょう。同じ教室の中で余裕のある子がいたら、その子の学力をどんどん伸ばしていけるようにすればいいのです。

今の日本が、経済的に一番関係が深い国は中国です。その中国を見てみると、中国奥地の教育は、日本とは比較にならないくらい低いレベルですが、北京や上海など大都市の学校の教育は、もはや日本を超えているのではないでしょうか。

ちなみに中国の公立学校は、日本の戦後の教育改革までの、都立日比谷高校や西高校を頂点とするような、学校間の格差があります。学校によってまったくレベルが違うのです。学校名は「一校」「二校」「三校」というように、だいたい数字だけの名前です。大きな街では「百校」ぐらいまであり、子どもたちは少しでも高いレベルの学校を目指します。このように、その人その人のレベルに合った教育が行われているのです。中国でできる人というのは、国際的に見ても本当にレベルが高いと感じます。

先進国の中でリーダー的存在のアメリカは、だいぶ前から数学のレベルが低いと自ら認めてきました。ただ、アメリカの場合には、海外から優秀な人材を積極的に受け入れています。数学に限らず、理工系のトップレベルの大学では、大学院以降の学生の半分以上は海外から来た人なのです。しかもその人たちは、アメリカの賃金レベルが高いこともあって、卒業してからもアメリカに残って、アメリカのために技術を開発したり、ときには武器を開発したりしています。

もちろん、これはアメリカならではのやり方です。たとえ、日本がアメリカと同じことをしようとしても、国土も広くないし、国民もそんなにたくさんの外国人を受け入れる心の準備ができていないでしょう。だからこそ、日本の教育のレベルをもう一度昔のように高めて、一部では英才教育を行うことも検討すべきではないかと思います。このままでは、日本の地盤沈下は絶対に避けられません。

24 算数の思考力はこうして伸ばす

子どものレベルに合った算数パズルの本を

算数も、教科書だけを使って学習すればいいのかというと、もちろんそんなことはありません。教科書の内容を学校で学ぶことも大切ですが、そこまで堅くなくて、もっと楽しくておもしろいものも学ぶべきだと思います。それには、学校で学んだものが活かされた、おもしろい問題がたくさん載っている本が最適です。実際に、こういう本は昔から日本でたくさん売り出されています。これこそ、日本の知的レベルの高さを物語っていると言えるでしょう。

たとえば、内容は数学だけではありませんが、一〇〇万部以上の大ベストセラーとなった『頭の体操』という本があります。これはシリーズでたくさん出ており、算数的な問題もあれば、とんちのようなものもあります。また、それ以外にもぼくが日本に来た頃に、すでに中学入試を題材にした本や、数学のパズル本、いくつかの海外の翻訳本など、驚くほどたくさんのおもしろい本がありました。

親が自分の子どもに、親自身も理解できないレベルの本を買い与えるのはやめた方がいいでしょう。一問目や二問目でお手上げとなり、「つん読」になってしまいます。これでは逆効果です。子どものレベルに合った本を選べば、非常に効果的に算数的思考能力を高めることができます。子どものレベルが上がるにつれて、次第に本もレベルアップしていけばいいのです。

ぼくが数学にとても関心を持ったのは、小学六年生のときです。ロシア人が書いた、一冊の算数的、数学的パズルの本を友だちが貸してくれたのがきっかけでした。分厚くて黄色い表紙のその本を今でもよく覚えています。おもしろい問題がたくさん載っていて、自分で解けるものもあれば、解けなかった問題もありました。解けなかった問題はもちろん解説を読みますが、解けた問題でも解説を読むと、より高度で複雑な内容が書いてあったのです。このように、知的好奇心を刺激してくれるような本はぜひおすすめです。

子どもが親に言われた通りにやるかどうかはともかく、親の行動を注意深く見ています。ただ、一方的に勉強しろと言うのでは子どもは嫌だと思うだけです。親が自ら興味を示して子どもの勉強に取り組むことが必要です。問題集を全部解けなくてもいい。まったく解けなければ、ただ解き方や解答を必死に覚えるだけでもいい。もちろん、何でも解ける方がいいのですが、たとえわからなくても、親子で一所懸命に取り組むことが大事なのです。そうした親の姿勢は、必ず子どもにもよい影響を与えると思います。

学習効果が高いゲーム

算数を学ぶ最大の目的は、物事を論理的、かつ厳密に考えることができるようになることです。こうした学習効果が期待できるならば、教科書とはかけ離れた学習でもいいのではないでしょうか。

世界の学校を見てみると、算数の授業でチェスやオセロをやる学校もあります。チェスも、たとえば通常のチェスだけではなく、日本の詰め将棋のような「詰めチェス」や、決まった数の駒をお互いが取れないように8×8のチェス盤の上に置くようなゲームをやるのです。日本の学校でも、実はぼくが開発に関わった「algo（アルゴ）」というカードゲームや、バックギャモンなどを教材として扱うところもあります。このように、きわめて論理的な考え方が必要とされる算数の学習方法は、教科書以外にもたくさんあるのです。

ちなみに、現行の学習指導要領では完全に中学校の学習範囲になってしまった「確率」の理論は、一九世紀から本格的に発展してきました。その元になったのは、考えてみるといろいろなゲームなのです。たとえばルーレットや、サイコロを振るゲーム、ポーカーをはじめとするカードゲーム。そうした、いわば「ギャンブル」から確率という学問は生まれたのです。

このように、子どもにはいろいろなゲームを通して、確率の本質について考えさせることもできるでしょう。

足し算ゲーム、かけ算ゲーム

サイコロやカードを必要としないゲームもあります。おすすめは、足し算ゲームやかけ算ゲームです。かけ算ゲームは電卓を使ってもいいでしょう。これをぜひ親子でやってもらいたいと思います。

足し算ゲームのやり方は、とても簡単です。たとえば、1から9までの一桁の数字をお互いにどんどん足していくだけです。ぼくが2と言って、あなたが9と言えば2足す9で11ですね。次にぼくが7と言い、あなたが8ならば11と7と8を足して26。これを繰り返します。ただ、ゲームをする前に、最初から目標の数を決めておくのです。44が目標の数ならば、お互いに数字を足してちょうど44にした人が勝ちになります。こういうゲームは数学的に勝負が決まるので、最初はあまり意識しないで目標の数に近くなってから考えようとしても遅い。最初からきちんとした攻略法を考えなければなりません。

足し算ゲームと同じようにおもしろいのは、2から9までの一桁の数字のかけ算ゲームです。これも、一万以上になった人が勝ちとか、負けとかを最初に決めて競います。計算自体は電卓でやってもいいのです。一万にしても一〇〇万にしても、結構早くゲームは終わります。このゲームに関してもベストの戦略がありますから、ぜひ子どもと一緒に考えてみてください。とてもためになります。

足し算ゲームもかけ算ゲームも、ずっと計算をしなければならないので、電卓を使わなければ計算練習にもなります。ゲームが終わってから、電卓で確かめてもいいのです。こういったゲーム以外にも、親子で探してみれば、おもしろいものがたくさんあるはずです。ゲーム自体も楽しいし、しかも子どもに算数への興味を持たせることができるのです。子どもが低学年のうちは、できる限り親子でいろいろなゲームを一緒にやって楽しく学習すれば、学力も上がり、家族の絆も強くなると思います。

子どもが大きくなるにつれて、そうしたゲームを親子でする機会は当然少なくなるでしょう。子どもは一人でも本を読めるし、問題も解けるようになってきます。それでも、親はできるだけ子どもの勉強を見るべきだし、算数については必要ならば家庭教師をつけたり、子どもが塾に行きたいと言い出したら塾に通わせたりするなど、常に状況に応じた対応をすべきなのです。塾は専門の先生が教えているから、教え方はやはりうまいでしょう。また、学校では扱わない学習内容もいろいろと教えてくれます。

ただし、塾を選ぶにあたっては、何を優先するかを見極めなければなりません。当たり前の話ですが、進学塾は受験を一番重視しています。毎年、合格発表の季節になると「○○中学校、合格者○○名」というようなことを塾同士で競い合います。一部の塾では成績優秀な生徒の受験料を塾が負担して、実はその子がとくに希望していない学校までも受験させているところもあります。そうやって、一人でも多くの難関校合格者の数を増やしているのです。

受験も大事ですが、あまり受験ばかりを重視することによって、子どもたちが算数のおもしろさを見失ってしまうのは、とても残念なことです。

うことがわかるのです。なぜなら、一郎は自分の３本を食べただけで、三郎に３本の団子をあげたのは二郎だからです。一郎にお金をあげるのはおかしいですよね。自分のもらったサービスに対してお金をあげるのですから。

これをふまえると、問題はとても簡単です。

１人が食べたのは$\frac{8}{3}$本です。ですから、一郎は自分が持ってきた３本のうちの$\frac{8}{3}$本を食べたので、三郎にあげたのは$\frac{1}{3}$本だけです。同じように、二郎は持ってきた５本から$\frac{8}{3}$本を食べて、$\frac{7}{3}$本を三郎にあげたことになります。

〈一郎があげた分〉　$3-\frac{8}{3}=\frac{9}{3}-\frac{8}{3}=\frac{1}{3}$　→　$\frac{1}{3}$本

〈二郎があげた分〉　$5-\frac{8}{3}=\frac{15}{3}-\frac{8}{3}=\frac{7}{3}$　→　$\frac{7}{3}$本

このように、一郎と二郎が三郎にあげた割合は１：７になります。ですから、答えは一郎が100円、二郎は700円をもらうのが公平なのです。

なぜ、ぼくはこの問題が好きかというと、「数学は計算が一番大事ではない」ということを考えさせてくれるからです。もちろん計算も必要ですが、それよりも何をどう計算するのか。これを判断する力こそ、まさに情報処理能力なのです。

あなたの**情報処理能力**を試してみよう

これは、ぼくの自慢の問題です。

> **一郎、二郎、三郎の３人が月見に行きました。一郎は団子を３本、二郎は団子を５本持ってきたけれども、三郎は団子を忘れてしまいました。けれども３人は月見をしながら、仲よく団子を分け合って食べました。そして、帰り際に三郎は「これは団子代です」と２人に800円を渡して帰りました。一郎と二郎はこの800円をどう分ければ公平なのでしょうか？**

これは「とんち問題」ではありません。一郎と二郎は仲がいいから400円ずつに分けたとか、２人が「三郎、水くさいじゃないか。お金はいらないよ。来年の月見には君が持ってくればいいよ」と言ったなどと答えないでください。

では、実際にはどう分けるべきなのでしょうか。

この問題を早合点してしまう人は、３本＋５本＝８本をもとに「一郎君は300円、二郎君は500円」と答えてしまうでしょう。でも、それはただ計算しただけで、この問題の本質を理解していないのです。

もっとわかりやすい例を考えてみましょう。一郎は３本、二郎は６本持ってきたとします。すると全部で９本ですから、３人は３本ずつ食べたことになります。では、800円をどう分ければいいのか。ちょっとでも考えれば、その800円は二郎が全部もらうべきだとい

25
百ます計算だけでは算数の力はつかない

本当の意味での算数能力とは

ぼくは、一世を風靡した百ます計算自体は別に悪いとは思っていません。計算することを通して、子どもがやる気になれば素晴らしいと思います。

もっとも、多くの親には「わが子はもう少し高いレベルまでいける」と思うようになってほしい。遅い電卓のように必死に足したり引いたりして、ただ単に機械的に計算するだけでは、本当の意味での算数能力は発達していかないからです。

たしかに、百ます計算にもいい面はあります。一番いい面は、他人と競争するのではなくて、自分と競争するという仕組みになっていることです。昨日や一昨日の自分の結果とくらべて「ちょっと速くなった」「正解率も高くなった」などと、子どもは自分の進歩を実感できます。このように、子どもが自信をつけることには拍手を送りたい。

ただ、物事は何でもほどほどがいいのです。最初は一〇分かかったものが、五分や三分でできるようになる。素晴らしいことです。しかし、三〇秒でできるか二八秒でもできるかは、ほとんどうでもいいことだと考えるのはぼくだけではないでしょう。つまり、もっとアイディアのある方法をたくさんやるべきだし、百ます計算だけにこだわる必要はまったくありません。

たとえば、一桁同士の数字を足すのは、百ます計算の得意とするところです。では、一桁の数字をいくつも足すときはどうでしょう。子どもたちは、やはり最初から順番に数字を足していって答えを出すのでしょうか。

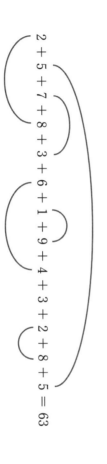

ピーター流のやり方はこうです。

$$2+5+7+8+3+6+1+9+4+3+2+8+5=63$$

足して10になる部分を数えて、残った3を最後に足します。そんなに早くはないかもしれませんが、こちらの方が確実に正解を出せるのです。このように自分で計算の工夫をできる方

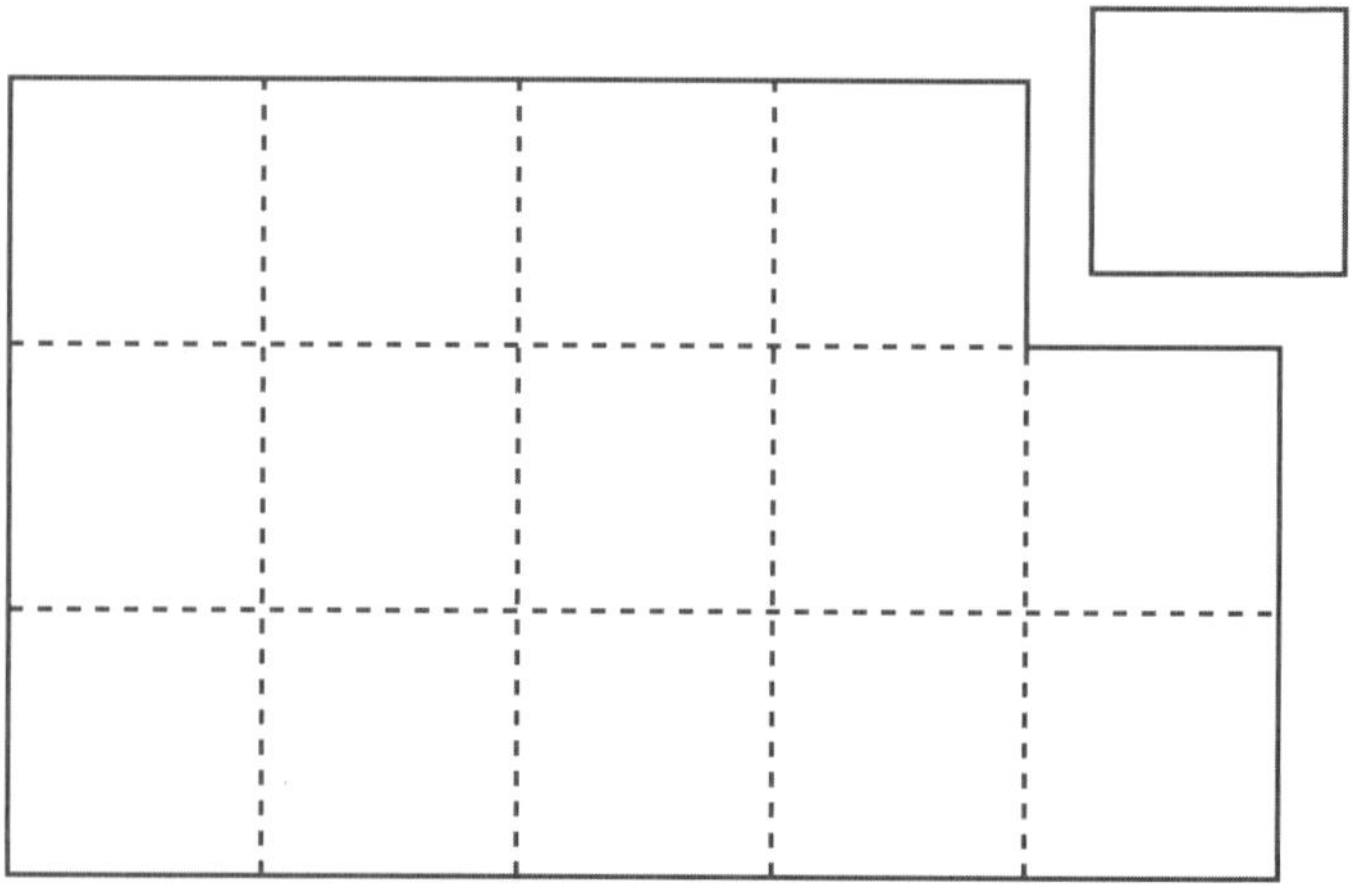

が、よほど大切なのです。

豊かな発想力を身につけさせる

もう一つ、みなさんにぜひやってほしい問題があります。

「縦三つ、横五つのマス目が並んだ板チョコレートをきちんと一五個の小さい正方形の形に分けたいと思います。重ねて割らずに一回ずつ直線沿いに割ると、もっとも早く一五個をバラバラにするには何回割ればいいでしょうか」

最初に縦に割るのか、それとも横に割るのか、その次はどうするのか。やり方はたくさんあるのですが、どうやったら一番早く割れるのでしょう。

答えは一四回です。実は、方法はどうでもいいのです。どうやっても、必ず一四回目で全部バラバラになるからです。そもそもチョコレートは一個です。これを一回割ったら二つになります。この二つのうちの片方を割ったら、今度は三つになります。さらに、そのうちの一つをもう一度割ったら、今度は四つになります。つまり、一回割るごとにチョコレートは一つずつ増えていくのです。だから、一個から出発して一四回割ると一五個になります。

板チョコレートはスーパーで安く手に入るので、三、四枚買って、ぜひ親子で試してみてください。実際にやってみると、子どもはもちろん、大人も気がつかなかったことを発見してきっと感動するでしょう。算数は、学校の授業やテストだけのものではないのです。

百ます計算ができるだけで満足だと言われれば仕方がないですが、そうではないと思っている親は、子どもにはもっと違った学習をたくさんさせるべきなのです。

26 九九を楽しむ

九九は日本にしかない？

「他の国にも九九はあるのですか？」

「インドでは二〇までかけ算を覚えるというのは本当ですか？」

ぼくはこれまでに数え切れないぐらい、こうした質問をされました。どうやら、日本人は九九をとても自慢に思っているようです。

考えてみると、これはおかしなことです。できるだけたくさんの九九が言えるように九九を習うのではありません。九九の役割は一つしかないのです。それは、複雑なかけ算の計算を、より早くできるようにするためです。計算の途中で「九かける八はいくつだっけ」と、9＋9＋9＋9＋9＋9＋9＋9などと、いちいち足し算をしていたら、ものすごい時間がかかります。そうならないために九九があるのです。

九九は当然、世界のほとんどの国にあります。ハンガリーでは九かける九の「九九」ではなく、一かける一の「一一」と呼んでいます。そして、たいていの小学校の教室には大きなポスターが貼ってあって、いつでも見えるようになっているのです。

ただ、日本の九九で特殊なところが一つだけあります。それは、語呂合わせのように独特の言い方になっているところです。「三かける三」は「さんかけるさんイコールきゅう」というのではなく、「さざんがく」と言います。これは、たしかに世界ではあまりないと思います。

基本的な九九は三六個

九九を違った角度から見てみると、算数が今までとは違って見えてくるかもしれません。たとえば、こんな遊びはどうでしょうか。

次の表を見てください。このように九九を表に書くと、この中にはたかだか八一個の数字しか入っていません。そして、ちょうど表の下の部分の数字は、上の部分の数字と重複していることがわかります。まったくいらないですね。たとえば、「三かける五」と「五かける三」は同じ結果だと考えれば、上の部分の数字を覚えているだけで足りるのです。しかも、一番上の列は別に覚えるというほどの難しさではないので、この九個も除くと、残るのは三六個だけになります。

	1	2	3	4	5	6	7	8	9
1	1	2	3	4	5	6	7	8	9
2	2	4	6	8	10	12	14	16	18
3	3	6	9	12	15	18	21	24	27
4	4	8	12	16	20	24	28	32	36
5	5	10	15	20	25	30	35	40	45
6	6	12	18	24	30	36	42	48	54
7	7	14	21	28	35	42	49	56	63
8	8	16	24	32	40	48	56	64	72
9	9	18	27	36	45	54	63	72	81

の部分は重複する（36個）

1の段（9個）

したがって、81－（9＋36）＝36

36個だけ覚えればよいことがわかる。

ですから、九九は基本的には三六個のものを覚えるだけなので、実はたいしたことはないと言ってもいいのではないでしょうか。

それにくらべると、「いろはにほへと」の順番を覚える方が、少なくとも外国人のぼくにとっては、ずっと大変に見えるのです。

さらに九九ができる人は、ちょっとでも工夫をすれば、インド人の「一九かける一九」の計算もまったくたいしたことではないと気がつくはずです。まず、一一から一九までの数字は、

10＋1, 10＋2, 10＋3……

というように、すべて一〇と一桁の数字の和であることに注目します。そして、どれも、

(A＋B)(C＋D)＝AC＋AD＋BC＋BD

という一つの式だけを覚えていて、この式を元に考えれば、一九かける一九までの計算は簡単にできることがわかるでしょう。

たとえば、一三かける一六は、

$$
\begin{aligned}
13 \times 16 &= (10+3)(10+6) \\
&= (10 \times 10) + (10 \times 6) + (3 \times 10) + (3 \times 6) \\
&= 100 + 60 + 30 + 18 \\
&= 208
\end{aligned}
$$

というようになるのです。

つまり、一九までの数字のかけ算は、一〇〇＋それぞれの一の位の数字を足して一〇をかけたもの＋一の位の数字同士をかけたもの、として求められるのです。

楽をするのではなく、楽しむ

こんな九九の覚え方もあります。それは、先ほどの $(A+B)(C+D)=AC+AD+BC+BD$ の式と、一、二、三、六の四つの段の九九だけを覚えるのです。

これは八一個の計算結果にくらべると、決して多いとは思えません。しかも先ほどと同じように重複する下の部分と一の段を除くと、実際に覚えなければならないのは六個だけです。

あとは、たとえば七かける八を計算するときには、

$$7\times 8 = (6+1)(6+2)$$
$$= (6\times 6)+(6\times 2)+(1\times 6)+(1\times 2)$$
$$= 36+12+6+2$$
$$= 56$$

となるのです。

こんなことはどうでもいいと思う人がいるかもしれません。でも、こうして九九も親子で楽しく遊んでしまえばいいのです。五かける九を計算するときは、

$$5\times 9 = (3+2)(6+3)$$
$$= (3\times 6)+(3\times 3)+(2\times 6)+(2\times 3)$$
$$= 18+9+12+6$$
$$= 45$$

と、この計算式を覚えればいつでも九九は出せるということを確かめるだけで、九九をおもしろいと感じる子どももいるのではないでしょうか。

	1	2	3	6
1	1	2	3	6
2	2	4	6	12
3	3	6	9	18
6	6	12	18	36

このように、さまざまな計算の工夫が世の中にはあります。それをいろいろと試してみる方が、百ます計算を手にペンだこができるまでやるよりも効果的だとぼくは思います。しかも、算数の学習を通して、論理的思考能力や情報処理能力を高めるには、機械的に計算を繰り返すだけの学習方法よりも優れているのではないでしょうか。

たしかに百ます計算は、親が「これをやりなさい」と子どもに渡して時間を計ればいいですし、しかも同じことを何度もやらせるので、親は楽です。しかし、楽して得することは世の中には少ないのです。

同じ「楽」でも、ぼくは親子で楽しむ方の「楽」を心がけてほしいと思います。親がちょっとでも工夫するだけで、算数を学ぶ時間が楽しくなって、子どもの算数の力も伸びる可能性が高くなるのです。

123456789×36を、あなたはどのように計算しますか?

```
  123456789
×        36
```

このように筆算をしてもいいのですが、ぼくならばこう計算します。

「36をかける」ということは、「9×4をかける」ということですから、まずは9をかけます。ところで、9をかけるということは、ある数を10倍にしてから、その数を引いても同じことです。つまり、

```
  1234567890
－ 123456789
＝1111111101　です。
```

これに4をかけると、答えは4444444404になります。

※

また、昔からある有名な問題に、

1＋2＋3＋4＋5＋6＋7＋8＋9＋10＋11＋12＋13＋14……＋9998＋9999＋10000というのがあります。これを1から順番に足して計算したら、百ます計算で鍛えた子どもたちはどれだけ時間がかかるのでしょうか。

もちろん、これはただ順番に足さなくても計算することができます。つまり、まったく同じ式を逆から並べたものをもう1つ考えるのです。

1　＋　2　＋　3　＋　4　……＋9997＋9998＋9999＋10000
10000＋9999＋9998＋9997……＋　4　＋　3　＋　2　＋　1

すると、2つの式のどの部分も1＋10000＝10001、2＋9999＝10001、3＋9998＝10001……、というように、どれも答えは10001になります。そして、1から10000まで足す回数は10000回ですから、10001×10000＝100010000となります。ただし、これは同じ式を2つ足しているので、正解は100010000÷2＝50005000と、たちまち答えが出てきます。

第四章

英語はこうして身につけよう

27 世界から見た日本人の英語

外国語習得には二世代が必要

これまで、日本人は英語を話すのがとても下手だと言われてきました。たしかに、ぼくが初めて日本に来た頃は、日本人は英語があまり上手ではありませんでした。ところが、今の日本人の多くは、英語がかなりうまくなったのではないかと思っています。

一般に、ある国の人々がそれまでまったく縁のなかった外国語を習得するためには、だいたい二世代にわたって学習する必要があると考えられます。つまり、第一世代は外国語の先生です。その国の先生たちが上手になって、初めて次の世代の生徒たちが外国語をきちんと受け継ぐことができるのです。先生たちが英語をあまり上手に話せなければ、教えている生徒も上手に話せないのは当然といえるでしょう。

ぼくが生まれ育ったハンガリーは、戦前は反共の国でした。ところが、戦後のハンガリーは一変して共産主義になり、ロシア語教育が始まりました。それまでハンガリーでは、ロシア語はだれも勉強しなかったし、ロシア語を教えている学校もありませんでした。そこで、おもに戦前の第一外国語だったドイツ語の先生たちが、ロシア語も勉強して教えることになったのです。

ロシアに行ったこともなければ、ロシア語であまり会話したこともなかった人たちが教えたのですから、当時のハンガリーのロシア語教育がどんなものであったかはだいたい想像できるでしょう。生徒はせいぜい文字を覚えるぐらいで、簡単な会話もできないのが一般的でした。

もちろん、ぼくは戦後の日本の英語教育がハンガリーのロシア語教育と同じレベルだったと言いたいのではありません。ただ、ぼくが日本に来た当初は、英語の先生の多くが満足に会話することができませんでしたが、今では驚くほど先生の英語が上達しました。

ぼくは、日本全国の学校を講演でよく訪れるので、行く先々で英語の先生とお話しする機会があります。すると、都市部の学校も地方の学校も、とくに若い英語の先生はかなり上手に英語を話します。それは単に先生方が英語を学校の教科としてとらえるだけではなく、英語を通して欧米文化を吸収したいとか、生活の中で会話を楽しみたいというように、英語を広くとらえるようになってきたからではないでしょうか。こうした先生から教わった子どもたちの英語教育は、間違いなく親の世代の英語教育よりもレベルが高いでしょうし、英会話も上達するだろうと思います。

日本人は英語がうまくなった

英語が上達したのは、学校の先生だけではありません。数学の国際会議でも日本人の英語のレベルが高くなったことを強く感じています。四半世紀ぐらい前の国際会議では、日本の学者は英語で発表するのがとても苦手でした。その多くは、東京大学を卒業したような高い学識を持った人たちです。ところが、彼らの発表は単にスライドで自分のまとめたものを映し出して、たどたどしい英語で朗読するだけでした。スライドに書いてあるものはだれでも読めるので、他の国の学者は内容を補って説明するのが普通なのです。これは日本びいきのぼくから見ても、恥ずかしいと思わずにはいられない光景でした。

ところが、今では日本人の英語力は著しく変わりました。とくに、頻繁に海外に出かける日本人は、とても流暢に英語を話せるようになりました。

もちろん、日本人全員の英語が上達したかというと、そうではないでしょう。しかし、英語の先生や海外との交流を盛んに行っている人たちの英語は驚くほど進歩しています。とくに海外に出かける人の数が依然として多いことを考えると、このままの状態でも、さらに二〇年後には、間違いなくもっと多くの日本人が英語を話せるようになると、ぼくは見ています。

日本人の英語に変化が起こり始めたのは一九八〇年代の後半からです。その背景には円高がありました。安い航空チケットがどんどん手に入り、日本人にとって海外旅行はとても身近なものになりました。また、海外留学に行く人の数も急増しました。

一方、世界的にも日本はとても注目される存在になりました。日本にやって来る外国人の数もどんどん増えたのです。今では英語の授業で、外国人のアシスタント・ランゲージ・ティーチャー（ＡＬＴ）がいる学校も珍しくありません。また、英会話学校も急増しました。その数は駅前で石を投げれば英会話学校の看板に当たるほどです。このように、日本人が英語に触れる機会が増えたために、英語のレベルが高くなったのです。

世界の「米語熱」

考えてみると、八〇年代から英語力が進歩したのは日本だけではありません。

一九八九年に韓国に行ったときにとてもびっくりしたのは、当時の韓国人の英語レベルがあまりにも低かったことです。一般の人はもちろん、宿泊先のホテルの人たちも一言も話せないほどでした。ところが、今では韓国も英語のレベルがかなり高まりました。

国際的に英語が浸透した背景には、冷戦が終わってアメリカの存在が大きくなったことが挙げられます。国際社会の中で、政治的にも経済的にも、アメリカは一人勝ちしました。また、アメリカが成功すると同時に、ＩＴ革命もアメリカを中心に起こりました。世界中にアメリカのソフトが広がっていったのです。こうした動きをきっかけに、多くの国々で英語熱ならぬ「米語熱」が起こっていったのです。

日本人が、ヨーロッパで一番英語ができないと考えている国民はフランス人です。実はイタリア人の方がもっとできないのですが、それはさておき、フランス人は英語で話しかけると、わざと相手にしてくれなかったり、あくまでフランス語で返答したりするというイメージで語られてきました。たしかに、多くのフランス人にはそのようなところがありました。自分たちの言葉や文化にとても誇りを持っていて、意識して英語を使おうとしなかったのです。

ところが、八〇年代後半から、フランスでも状況は変わってきました。あれだけたくさんの映画を作り、自分たちの映画に誇りを持っていたのに、今ではハリウッド映画の方に人気があるほどです。アメリカの文化の代名詞ともいえるディズニーが進出し、日本のディズニーランドに続いて、ユーロディズニーまでパリの近くにできました。このように、昔は考えられなかったほどの勢いで、フランスにもアメリカ文化が広がってきました。従来からフランスの文化を守ろうとしてきたフランス政府も、もはやあまり抵抗できなくなったのです。

ぼくが以前に勤めていた国立科学研究センターでは、八〇年代半ばまで英語を使うことは考えられませんでした。フランスで国際会議が行われるときは、フランスの学者は絶対にフランス語で発表しなければならず、英語での発表は認められなかったのです。また海外でも、できるだけフランス語で発表することになっていました。論文も、ほとんどの学者がフランス語で発表しようと努めていたのです。当時の数学などの専門誌を見てみると、その中に載っているフランス人の論文のほとんどはフランス語です。

ところが、ぼくはそうした専門誌でこの何年間、フランス語の論文を一つも目にしていません。どれも全部英語で書かれたものばかりです。つまり、フランスではかつての規定を外したのです。フランス語で論文を書くのは、英語で書くよりも楽だったものの、せっかく苦労して書いた論文を海外ではほとんどだれも読んでくれない。とくに、アメリカではその論文を積極的に読もうとする人がいないので、学会での自分の評判は全然上がらない。仕方がないので、今ではフランスの国際会議でもフランスの学者は英語で発表をするようになってしまいました。

発音のうまい下手は気にしない

日本人は、英語の発音が苦手だと言われています。たしかに日本人にとっては、英語が難しい原因の一つに発音の問題が挙げられると思います。ご存じのように、日本語には五〇音しかありません。五〇音にしか慣れていない人には、当然、英語を聞き取るのが難しいでしょう。有名なのは「L」と「R」の発音の違いで、この二つはまったく同じように聞こえます。しかし、これは決して日本人だけの問題ではありません。中国語や韓国語にも「L」と「R」の発音の区別はないのです。しかも、韓国語の場合は「F」という発音もないので、「フィリピン」のことを「ピリピン」と言ったり、ぼくの名前もフランクルではなく、「プランクル」と発音したりします。

英語の発音が難しいと思っているのは、アジアの国だけではありません。フランス人にとっても英語の発音は非常に難しいのです。フランス語の綴りは英語と似ていたり、全然変わらなかったりします。たとえば、英語と同様にフランス語にもstation（駅）という単語があります。

この単語の最後はtionで終わりますが、この同じ綴りを、フランス語では「スタスィオン」と発音するのです。つまり、フランス人はtionを見ると、「ション」ではなく「スィオン」と発音することに慣れてしまっているのです。こうした発音の癖はなかなか直せません。

ある意味では日本人のカタカナ語にも同じことが言えます。つまり、日本人になじみのある英単語は、よほど気をつけないとカタカナ語の発音のままに発音してしまうのです。

このように、英語の発音に悩んでいる国は世界中にあります。これは努力次第で克服することは充分可能です。でも、ぼくははっきり言って、外国語の発音は多少、下手でもいいのではないかと思います。お互いの意思が通じればいいのです。

考えてみると、同じ日本語でもいろいろな方言があります。たとえば、関西弁は東京でもかなり一般的になっており、東京に住んでいる関西人の多くはあえて関西弁を使っています。当然、関西弁はイントネーションも違うし、独特の単語もありますが、関西人の特徴であって、別に恥じるものではないと考えているからでしょう。関西人が共通語で話をするときも、多少イントネーションの違いがあります。それはごく自然なことなのです。

同じことが英語にも言えます。自分の生まれ育った環境や地域に誇りを持って、発音は多少違っても通じればいいと考えるべきなのです。日本人らしい英語の発音は、別に気にする必要はありません。どんなに英語の発音に気を配っても、国際経験が豊かなイギリス人やアメリカ人は一言聞いただけで、「あ、この人はハンガリー出身ではないか」「この人の出身は中国かな」などとわかるものです。英語がとても上手な人でも、発音やイントネーション、言葉遣いなどに微妙な差が出てくるからです。でも、それがわかってても別にかまいません。以前にも述べましたが、日本人は日本の中で英語をいくらがんばっても二流のアメリカ人にしかなれないのです。

ですから、日本人はアメリカ人を目指すのではなく、一流の日本人を目指してほしいと思います。多少、間違った発音や変則的な文法でも、話している内容さえしっかりしていれば、発音の問題など二の次なのです。

リスニングの訓練をともに

一つ、小学生の子どもとぜひやってほしいのは、LとRのリスニングの練習です。これに関してよく言われるのは、二〇歳を超えてからやっても遅いということです。たしかに、英語が非常に上手な日本人でもLとRの聞き取りができない人が多い。人間の耳の機能は二〇歳を超えたら発達できないということが原因にあると思われます。逆に言えば、小学生の子どもにはお茶の子さいさいであるはずです。実際、アメリカで育った日本人は何の苦労もなく違いに気がつきます。

ではどうしたらよいか、ぼくなりの提案をしましょう。

綴りがLとRしか変わらない単語、たとえばreadとlead、roadとloadなどを探し、パソコンでもスマホでも電子辞書でもいいので一つ読み上げてもらいます。そしてそれはどちらの単語なのか、紙に書いて当てていきます。クイズ感覚で楽しんで何週間か続けているうちに、小さい子どもは確実に聞き取れるようになります。ほとんどお金もかからず、一生の宝になるものです。学校の先生でも正確に聞き取れない先生が多いからか、この点について学校では重点的にやりません。でもこれは遊びとして取り組めばどの家庭でもやれることで、必ず有意義な時間になります。しかも、おそらく子どもがどんどん上達しても、親は進歩しないのです。だから「勝負」は子どもの勝ちになって、喜びます。まさに「好循環」の始まりで、ますます英語をやりたくなります。

余談ですが、四半世紀前に日本にやってきた頃にハングル語を学ぼうとしたところ、ハングル語には日本の「だ」と「た」の間に音が三つあるとわかりました。そこで知り合いの韓国人男性が教えてくれると、喫茶店で先ほどのクイズのように、彼が三種類の音を言ってぼくが「一」か「二」か「三」か答えるということをやりました。結局、二時間やっても正解率は三分の一、つまり偶然に当たる確率と一緒で、いかにわからないかと愕然としました。やはり若い頃に訓練しないと区別がわかるように聞き取れる範囲は限られていて、韓国人なら誰でも当たり前にわかることが、ときには人から語学の達人であると言われるぼくにまったくわからなかったのです。悔しい思いをしました。

そこで繰り返しになりますが、小さい子どもに聞き取りの訓練をさせるべきで、LとRの微妙な差を聞き取れるようになるためには、親の努力が必ず実を結ぶと思われます。

28 英語の壁は日本の文化にある

似ている言語ほど学ぶのが難しい

英語の文法も、日本人にとっては難しいでしょう。英語の構造は、日本語の構造とあまりにも違うからです。ただ、どんな言語の文法でも、語順や形容詞の使い方などは努力すればマスターできます。たとえ難しく感じられたとしても、それは他の言語にくらべてたった数ヵ月間ぐらいの差でしかないでしょう。

逆に言えば、母語に近い外国語を学ぶ場合、両者の違いが微妙なので、ある程度以上に上達するのは意外と難しいかもしれません。たとえば、チェコ人がロシア語を学ぼうとすると、ロシア語とチェコ語の違いはとても微妙で、ある程度ロシア語を習得したチェコ人でも間違えることが多いのです。同じように、ドイツ人が英語を学ぶ場合にも、微妙な違いはあります。つまり、同じような単語が使われているので、その単語の意味はまったく同じだと思いこんでしまうことが多いのです。

実は、その言語とは全然違う土壌の人が勉強した方が上達が早いのです。近い言語の場合には、学習を始めた頃はそんなに難しくなくても、ある程度上達した段階で母語に足を引っ張られることが多いためです。

日本に来て、日本語が一番早く上達するのが韓国人や中国人です。とくに、中国人は漢字を知っていることが大きいでしょう。でも、とてもうまく日本語を話していても、完全に日本語をマスターするのは非常に難しいのです。たとえば、濁点の使い方ができない中国人は多くて、濁点が必要なところに濁点がなかったり、逆に必要ないところに濁点があったりします。また、中国語と日本語で同じような熟語でも、中には意味が違うのに間違って使われていることも見受けられます。こうした間違いは、一〇年も二〇年も日本に住んでいて流暢に日本語を話せる人でも決して珍しくありません。

日本の挨拶文化が英語学習の壁になる⁉

日本人が英会話を習得する上で、もっとも足を引っ張るのは日本の挨拶文化だと、ぼくは思っています。たとえば、日本人は「本日はお日柄もよくて……」などとスピーチします。そのスピーチ自体はとてもきれいな言葉が並べてありますが、話している人が自分の言葉で述べたところはスピーチ全体の中ではきわめてわずかです。また、日本人はお互いに話をするときに、「お疲れさまです」「今日は暑いですね」などと、だれでもわかるような状況を述べた言葉が多い。これは、別に自分の考えを述べたものではありません。こうした当たり障りのないことを言うのは日本独特の文化で、縦社会や村社会の中で喧嘩や争いを避けるなど、いろいろな理由があって生まれたものです。

もちろん、こうした挨拶文化にはいい面もあります。たとえば、日本の社会は欧米社会にくらべると人々の摩擦や争いが非常に少ないといえますが、それは挨拶文化のおかげではないでしょうか。

ただ、日本人は英語で会話をするときに、こういう当たり障りのない言葉を英語に直そうとしがちです。「これからどうぞよろしくお願いします」というような表現は、たしかに韓国語にも「チャールプータッカムニダ（よろしくお願いします）」というのがあるものの、少なくとも欧米の言葉にはありません。

こうした日本の挨拶文化と、逆に用件だけですませるアメリカの文化の違いはとても大きい。同じ用件を述べた場合、日本人が一分間かけて話すのを、アメリカ人は五秒もかからずに単刀直入に述べるかもしれません。

ぼくは日本に長く住んでいて、これまでに多くの日本人のスピーチを耳にしてきました。「これで乾杯の挨拶に代えさせていただきます」「ただいまご紹介に預かりました○○でございます」など、日本人が述べている言葉はみんなが口にする一般的なものです。そういう言葉に英語で話すときにもこだわってしまうと、英語の上達はなかなか難しいでしょう。本当に英語が上達したいと思ったら、こうした文化的な違いを楽しむゆとりが必要です。両者の違いを認識した上で、挨拶を省いて、もっと自分の意見を考えて話をしなければならないのです。これは、もしかしたら多くの日本人にとってかなり抵抗感があるかもしれません。

そこで英語を学ぶ上で、もう一人の自分を作る必要があります。二重人格ではありませんが、英語を学習する際はいつもの自分とは違う別人を演じるのです。英語を話すときは、日本語で話す山田太郎とは違うヤマダタロウになりきってみるのです。今の自分から脱皮して、普段とは違う気持ちで英語に取り組めば、きっと上達できるはずです。

29 どうすれば英語を好きになるのか

大切なのは「好循環」

そもそも勉強という言葉は「勉めることを強いる」と書き、あまり楽しいイメージではありません。そこで、世の中にはいろいろなものを学ぶ上で、「好循環」と「悪循環」があるということを知っているかどうかが大切になってきます。

悪循環というのは、「嫌いだから勉強しない→勉強しないから上達しない→上達しないからさらに嫌いになってますますやりたくなくなる」というもの。一方、好循環は「上達する→よってもっと好きになる→だからますますやりたくなる→そしてさらに上達する」となります。

結局、どんな勉強方法であれ、どんな教材であれ、子どもに「やれ、やれ」とプレッシャーをかけると、ほぼ確実に嫌いになって悪循環に陥ってしまうのです。親の役割は、あれこれやり出すきっかけを与えることでしょう。海外旅行に連れて行ったり、外国人をホームステイさせたりするなど、いろいろな方法が考えられます。大切なのは、「英語がちょっと通じた」「もっと話せたら格好いい」などと感じて、自らやる意義を見出すことをうまく利用して、好循環の出発点にすることです。実際、外国語だけでなく、ほとんどの勉強にはそうした「好循環」があります。深く知れば知るほど、上達するおもしろさが理解できて本当にわくわくしてくるのです。たとえば英語も、学校の授業やテストの英語だけでなく、英語の文化や英語圏の人々の考え方を自ら学ぶことで、日本語とのいろいろな違いに気がつきます。それを不思議がったり、おもしろがったりするうちに、どんどん英語の力が伸びてくるのです。

新しい言語を勉強することは、まさに新しい世界への扉が開くようなもので、自分の人生の中にもう一つの世界が広がります。ただ、この扉はとても重い扉で、いわば「防火扉」のようなものです。重い上に、自分でその扉を押さなければ開きません。そのためには、自分から扉を開こうと思うきっかけが必要なのです。

『プレイボーイ』で学んだ英語

ぼくが外国語を学んだきっかけを二つお話ししましょう。

一つは、英語を勉強するようになったきっかけです。一八歳のときに、親がアメリカに行ったことがありました。出発前に「どんなおみやげがほしい」と聞かれたので、ぼくは迷わず、

「『プレイボーイ』がほしい」と答えたのです。

それには理由がありました。

ハンガリーには裸の女性の写真が載っているような雑誌は一切なく、外国の映画でもそうしたシーンは上映時にカットされていました。ですから、アメリカにそういう雑誌があると友だちから聞いていて、ぜひ見てみたいと思っていたのです。もちろん、親は「ハンガリーに持ち込み禁止ではないか」と、決していい顔はしませんでした。それでも、ぼくはどうしても買ってきてほしいと何度も頼みました。とうとう根負けした親は、ニューヨーク在住の旧友の家から六冊の『プレイボーイ』を鞄に入れて持ち帰ってくれたのです。

『プレイボーイ』を手にしたぼくは、本当にうれしくてたまりませんでした。生まれて初めて目にしたきれいな女性の裸の写真を、自分の部屋の天井に貼って、来る日も来る日も飽きることなく眺めていました。そのうちに、「この雑誌は写真だけではなく、記事もきっとおもしろいことが書いてあるのだろう」と想像するようになりました。ぼくにとって『プレイボーイ』は、まるでアメリカから届いた自由世界のメッセージのように思えたのです。

折しもちょうど夏休みだったので、学校は一ヵ月間休みでした。その夏休みの間に、辞書を片手に『プレイボーイ』を読破したのです。実は、ぼくは中学生のときに英会話学校に三ヵ月ほど通ったことがありました。もっとも、当時は英語にあまり縁がなかったし、ハンガリーは英語圏の国と国境も共有していなかったから途中で辞めてしまったのです。さらにつけ加えると、当時は今以上にイギリスやアメリカからハンガリーを訪れる観光客が少なくて、英語と触れあう機会はまったくありませんでした。それで、自分には英語は必要ではないという気持ちがあったのです。

『プレイボーイ』を読み始めたときも、ぼくは英語が必要だと思ったのではありません。ただ単にどんなことが書いてあるのか知りたかっただけなのです。ところが、読み進めるうちに、自分が想像していたよりもごく普通の記事が多いことがわかりました。政治や車、ファッション、スポーツなどについて書かれた記事ばかりで、自由の国アメリカの雰囲気を知ることができるものでした。それでも、知りたいという気持ちが強かったので、辞書を片手にたくさんの時間をかけて、出てきた多くの単語を覚えました。

こうして、ぼくは『プレイボーイ』を通して、英語の学習を進める上で「好循環」に入ることができたのです。

親が外国語への興味のきっかけをつくる

また、ドイツ語を本格的に学ぶようになったのも英語と似たような状況でした。

ぼくは親の希望で、小学一年生のときからドイツ系ハンガリー人の家庭教師にドイツ語を学んでいました。でも、ドイツ語も自分の人生にとって必要だとはあまり感じていなかったし、全然おもしろいとは思えませんでした。そんなわけで、中学校を卒業するまでに多少は会話ができるようになったものの、決して上手ではなかったのです。

ところが、父の友人のオーストリア人家族が夏休みにぼくの家の別荘にやってきて、ともに三週間を過ごしたことが、熱心にドイツ語を学ぶきっかけになりました。当時、ぼくの親は週末にしか別荘に来なかったので、ぼくはその家族と一緒にいた時間がとても長かったのです。彼らは自由で、楽しくて、とても魅力的な人たちで、とくに若くて美しい奥さんには淡い恋心も抱きました。彼らの車に一緒に乗って、買い物に出かけたり、観光に行ったり、湖で泳いだりして、彼らと楽しいときを過ごすうちに、ぼくはドイツ語をもっとできるようになりたいと思ったのです。これがまさに新しい世界への扉を開くと感じました。

三週間後に彼らが帰ってからも、彼らが残してくれた本を読んだり、地元の図書館からドイツ語の本を借りて読んだりするようになりました。このように、ぼくにとってはオーストリア人の家族と過ごしたことがドイツ語学習の「好循環」への突破口になったのです。

何が「好循環」へのきっかけになるのかは、人によってだいぶ異なります。すべての人に対して、外国語を好きにさせることはとても難しいでしょう。ただ、好きになるためのきっかけをいくつか与えることはできるはずです。親が子どもにいろいろなきっかけを与えて試してみて、その中の何かが「好循環」への入り口になればいいのです。親があまり強制すると、逆に子どもは反発するだけでしょう。

小学生から英語を学習し始めたとしても、本格的に英語を勉強するのは、だいたい中学校に入学してからという場合が多いのではないでしょうか。その頃は、とくに男子の場合は反抗期に重なっているので、親が「これをやりなさい」と言っても、子どもは素直にやらないこともあるはずです。そのくらいの年齢になれば、親が直接的にではなく、間接的に働きかけるのはどうでしょうか。「好循環」の扉へのきっかけになりそうなものをさりげなく家の中に置いたり、外国語を学びたいと思うような旅行やイベントに子どもを誘ったりするのです。いろいろなきっかけを与えてみて、そのうちの何かが子どもの心をとらえられればいいのです。

30 授業だけでは英語力は伸びない

英語の上達をはばむ日本の学校制度

これまでに述べたように、日本でも以前にくらべると英語が上手な人の数がかなり増えてきました。ただ、それは決してすべての日本人ではありません。いまだに日本人の英語の上達の妨げになっている一因は、日本の学校制度にもあるとぼくは思っています。

その理由はまず、日本の学校制度では子どもたちに英語はおもしろいから学ぶとか、英語に興味があるから学ぶという意識がほとんど芽生えないからです。子どもたちの多くは、英語は受験のために必要だから学ぶと考えています。これでは英語の楽しさが半減してしまうでしょう。こうした「受験のために学ばなければいけない」という気持ちは残念でなりません。

それから日本の学校制度では、子どもが一人で学習する時間がほとんどありません。これも子どもたちが学習する力を伸ばすのを阻害しているのではないかと思っています。とりわけ、外国語の勉強では、一人で外国語の本を読んだり、外国語で短い文章を書いたりすることがとても重要なのです。宿題をやればいいと思う人がいるでしょうが、日本の学校は海外にくらべると宿題の量がそんなに多くありません。ですから、宿題だけではあまり学習効果が期待できないのです。

日本の子どもたちの勉強というのは、学校の授業、そして塾や予備校や家庭教師なのですが、結局、子どもが自ら主体的にやるものは非常に少ないということに気がつきます。子どもは受け身でやっているものがほとんどなのです。「英会話が上手になりたい」「英語で文章を書けるようになりたい」と思ったら、すべて自分から練習しなければできるようにはならないのです。毎日、朝から晩までテニスのテレビ番組を見たからといって、テニスをできるようになるわけではないのと同じことです。

ちなみに、外国では日本ほどたくさんの塾や家庭教師はありません。むしろ、ほとんどない国の方が多いでしょう。その一方で、多くの国の学校では宿題をもっと重視しています。実は外国語の勉強は、宿題をやることが他の教科よりも大事なのではないかとぼくは思います。これは日本の英語学習にもっとも欠けているものです。たとえ、日本の学校で先生が宿題を出しても、子どもが宿題に費やす時間というのはたかが知れているし、おまけにきちんとやってこない子どもも意外と多いのではないでしょうか。さらに、日本の学校は基本的には落第もないので、テストが近づくと、子どもたちはあわてて勉強をして点数を稼ぐ努力をする程度で、とても残念な状況です。

繰り返しますが、外国語を上達させるためには、どうしても自分で読み書きする必要があります。ぼく自身もある時期、日本語が急速に上達したきっかけは自分で文章を書くようになったからです。最初はとても苦労しました。四〇〇字詰めの原稿用紙を一枚書くのに数時間もかかったのです。漢字を一つ一つ調べたり、自分の考えをうまく表現する言葉を探したり、大変な労力が必要でした。しかし、この段階を踏まなければ、外国語の学習は決して先には進めません。このように、外国語の学習では一人で行う作業がとても大事なのです。

31 英会話教室に通う前にこれだけは知っておく

小学生の英会話教室は有効か

ぼくの知人で、子どもと一緒に英会話教室に通っている親が何人かいました。しかし、英会話教室に通って子どもに英語の力が身についたかというと、その人たちの一致した意見は「英語力はほとんど身につかなかった」ということでした。

ただ、お断りしておきたいのですが、それでも彼らは英会話教室に通って満足していたというのです。親子で通ったのはとても楽しい経験だったし、自分の子どもと一緒に英語で遊ぶことによって親子の絆が強くなったそうです。ですから、そういう効果はあったといえるでしょう。別に「英会話教室にお金を遣わなければよかった」「通わなければよかった」などという不満はないようです。しかし、本当の意味での外国語学習の効果はほとんどなかったと感じているようでした。

ぼくは、英語を勉強し始めるのは、小学生よりももっと後からでもいいと考えています。小学生は、英語よりも日本語の勉強にたくさんの時間を費やすべきだと思うからです。

英会話教室に関しても、大事なことは子どもが自分で英語を勉強するようなきっかけになるのかならないのかということです。つまり、学習の「好循環」が英会話教室に通うことによって生まれるのか、それとも生まれないのかということです。

前にも述べましたが、ぼくは小学生の頃に家庭教師からドイツ語を学んだことがありました。また、日本でいう中学一年生になると、英会話教室にも通ったことがありました。三つ年上の姉が街の英会話教室に申し込んだのを機に、一緒に申し込んだのです。ところが、自分が思っていたよりも英会話教室はそんなにおもしろくなかったし、肝心の英会話も上達しなかったから、三ヵ月で辞めてしまいました。ただ、その教室で何人かの上級生と知り合うことができ、授業が終わると一緒に話をしたり、英語とはまったく関係ないものについて教えてもらったりしました。結局、自分にとって英会話教室は英語以外の面ではプラスになったと言えるでしょう。

親には、子どもを英会話教室に通わせるタイミングを考えてほしい。子どもが通いたいという意思を示したときに、そこで初めて通う教室を探すべきです。本人に英会話教室に通いたいという気持ちがなければ、親がどんなに働きかけても子どもの英語の上達は望めないからです。塾や英会話教室では、宿題をやらなかったからといって、学校のように先生から叱責される心配はありません。また、テストはあっても、学校の成績とは直接関係ないし、極端なことを言えば、英会話教室に通って授業中にただ居眠りをしているだけでも、いびきをかいて迷惑をかけなければ、だれも気にしないでしょう。

英会話教室に子どもを通わせることをそんなに急ぐ必要はないのです。

何のための英語なのか

今はすでに全国の小学校で英語活動が行われています。さらに、近い将来、正式な教科になります。これは決して悪いことではありません。インターネットでも来日外国人との会話の中でも、英語は一番使われているのです。故に外国に行かなくても、ある程度の英語能力は有利です。

一方、子供たち全員が学んでいることを考慮すると、就職の際に多少英語をできることはプラスになりません。これは一昔前と大きく違っていますが、当然です。

外国でも状況は同じです。たとえば、ぼくが生まれたハンガリーを考えましょう。

大学時代に下宿した家で、奥さんは高卒でしたが、英検二級に合格したおかげで商社の仕事に就いて、しばしば外国に行って高い給料をもらっていました。しかし今では、英検二級合格は大学進学の前提条件になっています。

英語で他の人に差をつけるためには、おおむね二つの可能性があります。一つは英語でたくさんの本を読んだり、文章を書いたり、機会があるごとに会話の練習をしたり日々努力したりし続けることです。もう一つは英語圏への留学で、この方が効果は確実です。留学先で極力日本語を使わないようにすれば、一年あれば飛躍的に上達できます。しかも現地の人や他の留学生との交流によって、異文化への理解が深まって人間的に成長します。お金は少しかかるけれど、子供の将来への投資だと思って、どうにかその費用を出してほしいです。

集中すれば短期間で身につく

親が子どもに英語を身につけさせたいと思ったら、小学生のときから毎週英会話教室に通わせるよりも、高校時代に一年間海外に留学させる方が効果は大きいのではないでしょうか。アメリカやイギリス、オーストラリア、ニュージーランドなどの、日本人があまりいない街の学校に子どもを一年間留学させるのです。そのためには、親が英会話教室に通わせるつもりだったお金を留学のための費用に回して、早い段階から銀行にきちんと積み立てておく必要があります。その方が英語の勉強としても、国際経験の上でも、あるいは人間としての成長という意味でも確実に効果があると、ぼくは思います。

ぼくがこれまでの人生で強く感じていることは、何事も集中してやった方が一番効果があるということです。たとえば、日本でも部活動などで夏合宿をやることがあるでしょう。それと同じです。

英語と国語と算数の三教科だけを勉強するとしましょう。それを三ヵ月間やってどれだけ学習効果が得られるかを考えたときに、毎日三科目をやるよりも、最初の一ヵ月間は算数だけを、次の一ヵ月間は英語だけを、最後の一ヵ月間は国語だけを、というように一ヵ月ずつまとめて学習した方が実際には学力が向上するのではないでしょうか。ぼくは自分の経験からもそう思っています。外国語を学んだときも、ある時期だけはとても集中して毎日何時間もやりました。数学の場合もそうでしたし、ジャグリングの練習もそうでした。

留学して英語を集中して学んだら、あとはその学んだことを保つために週に一、二回、英会話学校に行ったり、友だちに英語でメールを書いたりすればいいのです。留学して海外で一年間、向こうの人と生活することで、人間的にもとても成長します。そして、言葉も間違いなく上達するでしょう。

32 英単語はこうして覚える

単語の綴りを覚えよう

日本にはいろいろなマニュアルがあります。たとえば、サービス業の接客マニュアルや電話の応対マニュアル、さらには就職試験などの面接の受け答えのマニュアルまであります。ただ、英単語を簡単に覚えられるマニュアルというのは、残念ながらありません。一つ一つの英単語を長く記憶に留めるためには、どうしても手で書いて覚える必要があるのです。

実は、単語は綴りを覚えた方が早く習熟します。ヒアリングだけでは同じように聞こえる単語同士も、区別ができないし、なかなか覚えきれないことが多いからです。ぼくも微妙に勘違いしたり、間違えたりすることはたくさんあります。ちなみに、ぼくは日本語の漢字などは何回も繰り返し書くことによって覚えました。

英語で流暢に会話ができるようになりたいと思う気持ちはよくわかります。でも、「急がば回れ」ということわざもあります。相手の言葉を聞き取って、自分の意思を正確に相手に伝えるためには、どうしても単語をきちんと書けるようになるべきだと思います。

台湾に行ったときに納得したことがあります。台湾を訪れる日本からの団体客を見ると、年配の人がとても多い。これは台湾が日本から近いので、日本の国内旅行の延長線でとらえられているということもあるでしょう。また、台湾で生まれた人もいるでしょうし、台湾の人々も友好的で、日本人にとって気軽に訪れやすい国であるということも理由に挙げられます。

ただ、台湾が年配の観光客に人気が高い理由はそれだけではありません。ある年代の日本人には、いまだに台湾で正式に使われている漢字の旧字体を読み取れる人が多いからです。年配の方に話をうかがうと、基本的には中国語を一切勉強したことがないのに、街の看板や新聞の漢字を見ればだいたい何が書いてあるのか理解できるということでした。つまり、文法も発音も知らなくても、文字を見れば何となく意味を推測できるのです。

意味が推測できるのは漢字だけではありません。実は英単語も同じなのです。たしかに英単語に関しては、フランス人やスペイン人、ドイツ人の方が日本人よりも単語の意味を推測するのに長けています。ヨーロッパの言語同士は綴りが似ている単語があるので、何とか意味を推測できるからです。このように、一部の単語の綴りをきちんと覚えると、まさに「一を聞いて十を知る」ということにつながると、ぼくは思っています。

ぼくの日本語が上達するのが割と早かったのは、日本語の熟語に着目したからです。たとえば、テレビやラジオで耳にする日本語にはたくさんの熟語が出てきます。一説によれば、今の日本語の会話には、三〇年ほど前の話し言葉とくらべると圧倒的に熟語が多く登場するようになっているそうです。それは、会話の中に書き言葉が多く使われるようになったからです。

この熟語を一つ一つ覚えようと思ったら、とても時間がかかります。でも、熟語を構成する漢字を知っていれば、熟語の意味を推測できるのです。

たとえば、「数学」という言葉は「数」と「学」で「数の学問」、「恋愛」という言葉は「恋」と「愛」などというように、それぞれの字の意味がわかっていれば、たとえ熟語そのものを知らなかったとしても何となく通じるのです。もちろん、漢字そのものがわからなければ一つ一つ勉強するしかありません。ところが、漢字がわかれば熟語の意味を読み解くことができるし、その熟語を初めて聞いたとしても何となく意味を考えることが可能なのです。

英語もおおむね同じです。たとえば動詞から派生した名詞や、二つの単語を一緒にして作られた綴りの長い単語などは、たとえ知らなくても意味を類推することができるのです。あるいは、一つの単語からさまざまな単語に派生したものもあります。このように、英単語の綴りを覚えて数多くの単語を書けるようになる方が、英会話は上達するといえるのです。

ざるそば式記憶法

英単語をただひたすら一つずつ覚えるのはなかなか大変です。人間の脳は、コンピューターのように入力すればデータが残るというわけにはいかないからです。たとえば八桁の数字をただ覚えてくださいと言われても、たいていの人はそれを一度聞いただけでは繰り返すこともできないだろうし、翌日には確実に忘れてしまうでしょう。

では、どういったものが人間の記憶には残るのでしょうか。

それは一つ一つが関連性を持った、長いものや大きいものが残るのです。ぼくは、人間の脳は、ざるそばのざるに似ているところがあると思います。水粒のような細かいものは一滴一滴、下へ落ちてしまいますが、長いそばは引っかかります。これと同じように、人間の脳も一つ一つの単語をバラバラに覚えようとしても、なかなか覚えられません。ところが、もっといろいろなものがつながった、まとまりのあるものは覚えやすいのです。

ある単語を辞書で調べると、その単語を使った熟語やいろいろな意味が列記されています。そのときにそれらも一緒に覚えて、次にその単語を目にしたときに、一部だけでも「これはすでに学んだことがある」とわかれば、記憶の中から芋づる式に引っ張って、他の関連するものも一緒に思い出すことができるのです。

よく、「毎日一〇個ずつ英単語を覚えよう」という方法で学習する人がいます。ぼくも、かって試してみたことがありました。一日一〇個ずつ覚えれば、一ヵ月で三〇〇個は覚えられる計算になります。ところが、この方法は最初の数日間はいいのですが、一週間や二週間経つと、一番初めに覚えたものは「あ、何となく見たことがある」という程度のものになってしまいます。

単語を覚えるときに、辞書を引いたり、何回も書いたりするだけでなく、調べた単語をノートに書き込んで、自分だけの辞書を作るともっと覚えやすくなります。たとえば、man（人）を覚えようとしたときに、manのつくwomanやhumanなど、似たような単語や熟語を自分でまとめてみたり、あるいはmankindのように二つ以上の単語から作られた単語も書いたりするのです。

また、綴りを一文字だけ変えるとまったく違った意味の単語になってしまうような、よく似た単語をまとめるのも効果的です。同じような発音に聞こえるbad（悪い）とbat（野球のバット）という単語も、意識して一緒に覚えれば頭の中に引っかかりやすいのではないでしょうか。

できるだけ、単語は遊び感覚で覚えてほしいと思います。家庭に電子辞書を用意して、いつでもみんなが使えるところに置いておけばいいでしょう。もちろん、本の辞書でもいいのですが、最近の電子辞書は発音機能もついているので、調べた単語の発音も確認できてとても便利です。

辞書にはよく使われる慣用句やことわざ、文章例などが出ています。その中から自分も使えそうなものをノートに書いておくのもおすすめです。反対語も、rightとleftのように一緒に覚えた方が自然に使いこなせると思います。

一緒に街を歩いて学習する

子どもが英単語を覚えるようになるには、調べるという習慣を親が子どもに植えつけてあげる必要があります。たとえば日本では、街を歩いていると英語で書かれた店の看板や案内などをたくさん見かけます。そこで親子が一緒に散歩をするときに、「何が書いてあるか見てごらん」と子どもが英単語に自然に興味を持つように働きかけるのです。中には子どもだけでなく、親にもわからない単語が出てくるかもしれません。そのために、常にポケットに小さなノートとペンを習慣として持ち歩いて、「お父さんもわからないけれど、書いておこうよ」と、わからない言葉を書き留めておくようにすればいいのではないでしょうか。もちろん写真で撮ってもいいのですが、手で書くと横文字の練習になります。そして、家に帰ったときに、一緒に辞書で引いてみるのです。

散歩に行くところはだいたい同じなので、何度も同じ文字を目にすれば自然に覚えてしまいます。これはあらゆる学習の基本でもあるのです。どんな教科の勉強でも、何かわからない単語があるのにそのままにしておいたら、一二回見ても三回見ても、あるいは一〇回や二〇回見ても、やはりそれはわからないままで終わってしまいます。そして二一回目にその単語を目にしたところで、ようやく意味を調べたとしましょう。すると、その人は二〇回もあった復習のチャンスを失ってしまっていることになります。それまで、その単語を二〇回も目にしてきたことが何のプラスにもならないのです。

このように、わからない単語はすぐに調べるべきなのです。次から出会うときは、毎回復習になるからです。単語を調べるという労力は、先にやっても後にやっても同じことです。つまり、単語を調べる時期はできるだけ早い方がいいということがわかります。

ぼくの友だちで、次のように自分の子どもに英語を教えた人がいます。親子で一緒に街や公園を歩いているときに、常に「これは英語で何と言うのか」と子どもとやりとりしたのです。もちろん、子どもは一回ではなかなか覚えられません。何度も繰り返すことによって、街で目にするものを少しずつ覚えていったのです。

こうした親子のやりとりというのが、実は日本では急速に失われつつあるような気がして悲しくてなりません。ぼくはときどき、街でこんな親子を見かけることがあります。親子で一緒に歩いているのですが、子どもは歩きながら小さなゲーム機のボタンを押すことにひたすら夢中になっているのです。親がそうした子どもの行動を黙認するのは、最悪だと思います。たしかに親子で一緒に歩いていますが、会話もないし、子どもはゲーム機の画面にしか注意を払っていないので、実際にはお互いに一人で歩いているのも同然なのです。

親が常に子どもに話しかけて、子どもが知らないことをどんどん伝えてあげる。それは日本語の知識でもいいし、英語の知識、社会の知識、理科の知識でもいいのです。街を歩いていれば、必ず新鮮な発見や驚きもあるはずです。目にしたもの、耳にしたもの、感じたものを親子で確かめることは、とても貴重な時間のはずです。

こうしたごく自然な親子の関係を、意識的にもっと大切にしていってほしいものです。

33 楽しみながら英作文を学ぶ

英語で自己紹介文を書く

子どもが英語で文章を書けるようになるために、ぜひやってほしいことがあります。それは、どの家庭でも家族全員が英語で自己紹介の文章を定期的に作ることです。親の自己紹介はそんなに内容が変わらないでしょうが、子どもの自己紹介はどんどん変わったり、項目が増えたりするでしょう。そこで、年に一度ぐらいは新しいものを書くようにするといいのではないでしょうか。

なぜ自己紹介文を書くのか。それは外国語を勉強する上で、とくに会話を学習したい人にとって、初対面の人には、どうしても「自分はどんな人間なのか」ということを伝えることが必須だからです。自己紹介なんて簡単に思えるかも知れませんが、実はとても重要です。相手に好意を持ってもらい、自分を認めてもらえるか否かで、その後のやりとりが大きく変わってくるからです。そのため、自己紹介文はしっかりしていて、しかもある程度おもしろいものでなければなりません。草案は、ほんの少しの時間でできます。親子でそれぞれの自己紹介を書いてみて、どこが気に入らないかとか、これをもっと言うべきだとかを指摘し合うのです。子どもがまだ自己紹介文を書ける力がなかったら、親は英語が得意な知人や英語の先生に添削してもらって、しっかりしたものを作って子どもに暗記してもらうのもいいのではないでしょうか。

人は最初の印象が一番大事だといわれています。自己紹介は自分を最初に印象づける上で欠かせないものです。最初からお互いの国の政治状況や経済状況などについて話し合う人はあまりいないはずです。「お名前は何ですか」「何をやっているのですか」などというところから始まって、「どこに住んでいるのですか」「家族は何人ですか」「好きなものは何ですか」など、お互いに身近なところから話し合うのです。そのときに「この人はおもしろい」とか、逆に「この人と一緒にいても退屈だ」といった印象が必ず出てきます。できるだけ相手に好印象を持ってもらうためにも、この自己紹介の骨組みのようなものを最初に作り、次第に肉付けをして、場合によっては艶《つや》が出るように外を塗り直して、自己紹介文を完成させるのです。

生い立ちから今日までの自分史に発展させてもいいでしょう。また、外国人は日本のことをよく知らないことも多いので、「日本の学校の状況は実際にどうなのか」「日本の家庭の中ではどのように暮らしているのか」など、自分の紹介だけでなく、家族の紹介、街の紹介、国の紹介まで膨らませていってもいいでしょう。今はコンピューターに保存すれば、以前に書いたものを一部分だけ変えたり、増やしたりすることも簡単です。このように、家族全員の自己紹介文を保存しておくのは、英語の勉強だけではなく、家族の思い出としても残ると思います。

手紙を書き、メールフレンドを作る

アメリカ人はよく、アメリカ全土にいる知人の元に自分の家族の一年間の様子を書き綴った手紙を出します。クリスマスの頃になると、その手紙を昔の知り合いや久しく会わない人たちに送るのです。

これは日本の年賀状と似ていますが、二、三ページほどの手紙になるので、年賀状よりも情報量ははるかに多い。これと同じ手紙を、ぜひみなさんにも書いてみてほしいと思います。日本の年賀状にも、家族の近況を書き添えることはあるでしょう。でも、もっとできるだけ長い文章で、しかも英語で書くのです。いきなり英語で書くのが難しければ、まず日本語で書いてみて、それを英語に直してもいいでしょう。一年を振り返って、英語でまとめてみるのです。だれでも、もっとも関心があるのは自分と自分の家族の人生です。それをきちんと文章にして英語で書くのは、英作文の練習としてはとてもよいと思います。

また、今はプリンターで印刷するのがとても手軽になってきています。そうした手紙以外に、家族みんなの英語の名刺を作ってみるのもおもしろいのではないでしょうか。子どもには、大人の名刺にあるような社名や役職名などの代わりに、学校名や学校での係、もしくは家庭でお手伝いしている役割などを書いてアピールするのもいいでしょう。もちろん、日本語の名刺でもいいのですが、日本語の名刺はどうしても形式が決まっているので、あまり型破りのものは作れないかもしれません。その点、英語の名刺ならもっと楽な気持ちで作れるのではないでしょうか。写真やイラストも入れれば、本格的なものができると思います。

また、子どもが少しでも英語の文章を書くことに興味があるならば、それをより発展させる方法もあります。たとえば、海外の友だちとの文通です。昔は「ペンパル」でしたが、今では「メールフレンド」でしょう。インターネットで世界中を探せば、英語でメールをやりとりする相手はいくらでも見つかるし、お金もかかりません。

なぜ遠いところにいる、場合によっては会ったこともないメールフレンドが必要なのかと疑問に思う読者もいるでしょう。たしかに、自分のためだけに日記を書くことも可能でしょうが、人間は外からの刺激がなければ、毎日書くはずの日記が週に二、三回、やがて月に二、三回になって、いつの間にかやらなくなってしまうものです。一方、よいメールフレンドならば頻繁に返信が届いたり、質問が来たりして、こちらの書く意欲が続きます。やり取りを続けるうちに、英語の文章力も上がるはずです。

考えてみると、そうしたメールフレンドに対しても、やはり一番大切なのは自己紹介です。

相手が自分に興味を持つのはどんなところだろうか、どんな質問をされるだろうかということを想像しながら自分の自己紹介文を作るのです。昔書いて保存しておいた文章をときどき見て、「ここの部分はやっぱり間違っている」「これは今ならこう書きたい」など、子どもにとって手直しをしたい部分もいろいろ出てくるでしょう。そうした作業を繰り返すことで、子どもに英語で自己紹介をする力が少しずつ身についてくるはずです。

34 これがピーター流英語学習法

教材にはこだわらない

何を教材に使うのかは、外国語の学習ではあまり重要ではありません。子どもが料理に興味があるのなら、英語で書かれた料理の本を読んでもいいのです。「砂糖や塩はどのくらい入れるのか」「オーブンでどのくらい焼くのか」といった料理の作り方以外にも、たとえばその国の紹介や、その料理の生まれた歴史、その国の食文化など、いろいろなことが書かれた本があるはずです。つまり、そうした本の文章自体は文法的には正しいので、どのような文章でも英語の勉強になるのです。また、自分の興味のある分野ならば、英語の語彙を増やすことも楽しくできます。わざわざ家でも教科書を使ったり、問題集ばかりを解いたりするのでは、実は語学の学習としてはあまり意味を見出せないと思います。

たしかに、英語の教科書も大切です。いろいろな英語の場面を簡単に紹介したり、複雑な文法をくわしく説明したりと、英語の基本を学ぶためには欠かせません。ただ、教科書はどうしてもたくさんの単語を紹介するためだけの文章だったり、そんなにおもしろいとも思えないような内容だったりします。たとえば、イギリスの駅やバス、地下鉄などを紹介するためには、「○○さんは毎朝、家から駅までバスで行って、そこから地下鉄に乗り換えて通勤する」「駅では自動販売機で切符を買います」などという文章が入らざるをえないのです。こうした文章をおもしろいと感じる人は少ないのではないでしょうか。同様に、問題集も試験のためのものなので、決しておもしろくはありません。

ぼくは少し前に、仕事のためにチェコ語を勉強することになりましたが、本当に便利な時代になりました。インターネットで日本にいながらにして、チェコのテレビ番組を見ることができ、新聞も読めます。自分が興味のある記事を選んで読んだり、印刷したりできるのです。

また、インターネット上にはいろいろなディスカッショングループもあります。そうしたサイトではさまざまな人が投稿しているチェコ語の文章を読むこともできます。さらに、インターネット上にはチェコ語の辞書のサイトもあります。そうした各国の言語の辞書のサイトには、だいたい無料でアクセスすることができます。検索したいチェコ語を、英語やフランス語から検索したり、逆にチェコ語の単語を日本語や中国語に翻訳したりすることもできます。

このように、今の時代はコンピューターかスマホが一つあれば、どんな外国語でも気軽に勉強することが可能なのです。子どもの英語学習にも、ぜひ活用させてみてください。

おすすめはＤＶＤ

外国語を学習するにはあまりにも便利なものがありすぎて、どれを選んで勉強すればいいのか迷うという人も多いのではないでしょうか。日本には英会話教育の教材もかなりたくさん出回っています。そんな中で、ぼくが個人的に便利だと思っているのは外国映画のＤＶＤです。とくに日本人が英語を学ぶときには、ＤＶＤは欠かせないものではないかと思っています。もちろん、ＤＶＤといっても何でもいいというわけではありません。基本的には次のような条件を満たしているものが望ましいでしょう。

まず、字幕スーパーは英語でも日本語でも出せる必要があります。そして、登場人物の会話も英語と日本語の両方に切り替えられるもの。吹き替えもできるし、英語でも聞けるというわけです。これを交互に入れ替えながら学習すれば、かなり効果が高いと思います。

教材として自分が買ってきた映画のＤＶＤの結末がどうしても知りたかったら、最後まで見てしまってもかまいません。自分の都合に合わせて日本語の吹き替え版を楽しく見ればいいでしょう。このＤＶＤを使った英語学習に、ストーリー展開はまったく関係ありませんから、早く先に進まなければならないという必要性はないのです。いろいろな映画の中から、会話が多いものや、普通の人が日常で話をするような場面が多いものを選べばベストだと思います。

ちなみに、ぼくが韓国語を学んだときに見たのは「ユーガット・メール」という単純なストーリーの映画でした。これを韓国語版で見たときには、とても時間をかけてゆっくりと見ました。英語の字幕スーパーと韓国語の字幕スーパーを交互に出したり、同じ場面を何度も繰り返し見たりしたのです。ある程度上達すると、韓国語でも少しは聞き取れる部分は韓国語の字幕スーパーを出します。そうすると、会話の台詞を文字で表現するとこう書くのかということも理解できて、また韓国語を読む練習にもなります。

このように、みなさんもぜひＤＶＤを使った学習法を試してほしいと思います。これはとても時間がかかるので、映画の中ではたった五分程度のシーンでも、きちんと覚えようと思ったら一時間かかってしまうこともあるでしょう。でも、これを何回も繰り返すうちに、次第に英語のままで字幕スーパーがなくてもヒアリングができるようになりますから、ぜひそうなるまでやってみてください。ストーリー通りに初めから学ぶ必要はありません。順不同でどこから学んでもいいし、自分が好きな場面だけを見てもいいのです。

初めは一枚のＤＶＤから英会話を吸収するのに、とても時間がかかるでしょう。でも、このように最初の段階では一つの教材としては長く使えるので、経済的には非常に割安です。もっとも、上達すればするほどＤＶＤの外国語学習の時間はどんどん短くなっていくはずです。一つの映画を見るのに最初は三ヵ月もかかっていたのに、それが一ヵ月になり、一週間になり、ついには一日で見終わってしまうようになるでしょう。翌日には別のＤＶＤがほしくなるかもしれません。それぐらい上達すると、今度は海外のテレビ番組を見ることも可能になります。

少し古いテレビ番組ならレンタルしてもとても安く見られ、音声言語切り替えも可能です。

ただ、ぼくはＣＮＮはあまりおすすめしません。なぜすすめないかというと、ＣＮＮはどうしてもニュースが主体で、会話はあまり関係がないからです。それよりはむしろ、映画やディスカッションのような番組の方がいいでしょう。

ちなみに、ぼくがチェコ語の勉強を兼ねて楽しく見ていたチェコのテレビ番組に『釜の中』というのがあります。これは、チェコの著名人を一人だけ毎回スタジオに招いて、観客がいろいろな質問をぶつける番組です。スタジオの造りがすり鉢状のアリーナになっていて、その中央の「底」の部分に座ったゲストを観客が階段状に取り囲み、観客がゲストに答えにくいようなきつい質問をします。たとえば、外務大臣に対して「なぜチェコの軍隊をアフガニスタンから撤退させないのか」、「これでテロに対する戦いは大丈夫なのか」などと言った具合です。この番組の会話は決して難しいものではありません。一般の人が使っている簡単な言葉なので、ぼくにも十分理解できます。このように、会話の勉強に使える海外のテレビ番組は、インターネットで探せばたくさんあります。

文字にルビを付ける

ぼくは、できれば英語の教科書には日本語でルビを振ってほしいと思っています。それは、日本で使われている外来語のほとんどが英語だからです。子どもたちが本当はよく知っている単語も実はたくさんあるはずです。そうした単語を英語の綴りを見ただけで拒絶反応を起こす子どもも、単語の上にカタカナの発音が書いてあれば親しみやすいでしょう。また、英語だけではなく、日本語の教科書もほとんどすべての漢字の上にルビを振っておくのです。そういうルビつきの文章は、小学生の勉強では大変役に立つのではないでしょうか。

ぼくが長年、算数の問題を連載していた『毎日小学生新聞』でも、小学生が読者なので、できるだけ漢字の上にルビが振ってあります。これは漢字を知らない児童も読めるし、ルビを通して漢字の学習にもつながります。同じように、日本語で使われているカタカナ語を英語の綴りで書いて、その上にカタカナでルビを振れば、英単語の綴りの勉強にもなるのです。

とても印象に残っているのは、知り合いの中国人が英語を勉強したときの話です。彼は高校を卒業してから日本へやってきて、一年間、日本語学校に通いました。そして日本の大学に入り、夏休みにたった六週間だけイギリスに英語留学しました。彼は中国でも、北京や上海のような大都市出身ではなかったので、英語の教育を受けたことはほとんどありませんでした。それまで英語の知識はほとんどゼロに近かったのです。

ところが、驚いたことにその六週間の短期留学で英語がとても上達したのです。彼が言うには「すべては日本にいたおかげだ」ということでした。つまり、日本にいる間に知らず知らずのうちにたくさんの英単語を覚えていたのです。彼はひらがなとカタカナ、漢字の三つが混じっている日本の文章を見ても、そこに英単語が含まれているとはまったく意識しなかったそうです。もちろん、日本の漢字と中国の漢字では違う文字が多いものの、中国人は日本の漢字もほとんど理解できます。ところが、どうしてもカタカナ語は覚えるのに苦労するそうです。当然、どういう意味なのかを一つ一つ調べて覚えなければなりません。そうしたカタカナ語の修得が、実際には英単語の修得にもつながっていたのです。彼は、日本語を知らない中国人がイギリスで英語を学ぶよりも何倍も早く上達したそうです。

このことは、逆に日本語に秘められた英語学習の可能性を示しています。それを日本人は充分に活かしていないとも言えるでしょう。

英語にルビを振った文章がたくさんあればいいのですが、残念ながらそうした文章はあまり見あたりません。そこで、親がわが子のためにカタカナに英語の綴りを書き添えたり、英単語にルビを振ったりすればいいのです。そうやって子どもと一緒に英語の文章に接するときに、少しでも子どもに関心を持たせることが大切です。子どもが自分でカタカナ語の中から英語を探したり、親に一つ一つ聞いて確かめたりするようになれば、英語に対する子どもの興味が芽生えてきた証拠です。

今の日本語の中には、本当におびただしい数の英単語がカタカナ語として登場します。しかも、多くの英単語は複雑なものですので、日本語の中で使われている英単語を知っていれば、それだけで立派な知識になると思います。

おわりに

この本では、子どもの教育で親が取るべき態度や果たすべき役割について書いてきました。その中には、みなさんが読んでいて、もしかしたら耳の痛い話もあったのではないでしょうか。けれども、ぼくは決して嫌味のつもりで書いたのではありません。ギリシア語のことわざに次のような言葉があります。

「あなたをほめてばかりいる人は、あなたの敵である。あなたを建設的に批判する人は、本当の友である」

今の日本は大きな過渡期にあります。高度経済成長時代のやり方では、もううまくはいかないのです。

この本の中で、ぼくはいくつもの提案をしてきました。それらが少しでも親のみなさんが教育方針を定めるきっかけや参考になればと思います。

本文の中でも書きましたが、ここでもう一度触れたいのはぼくの親のことです。子どもの頃、ぼくにとっての一番の見本であり、ヒーローであったのが親（とくに父）でした。

ぼくは父が四五歳のときに生まれたので、ぼくが高校生になったときには、父はすでに還暦を迎えていました。おまけに小柄で太っていて、髪の毛も薄かったのです。

でも、ぼくにとってはだれよりも格好がよかった。

そんな彼に小さいときから教えられたのは「人間の最大の財産は頭と心の中にある」ということでした。そんな視点で世の中を見渡すと、外見や服装、あるいは家や車よりも、知識の豊かさと心の優しさの方がはるかに格好よく見えたのです。

自分にとって一番格好いいと思う人物が、画面や紙面でしか見ることができないという人ではなく、一緒に住んでいて、毎日会話やゲームを楽しむことができて、しかも何でもわかりやすく教えてくれる人であることは、子どもにとって最高の幸せではないでしょうか。

みなさんも、ぜひ自分の子どものアイドルになってみてください。

決して想像するほど難しくありません。小さい子どもの目には、親はとてつもなく大きな存在です。子どもにとって、最大の味方が親なのですから。

子どもとたくさんの時間を過ごして、地道な努力を続けることはみなさんにも必ずできるはずです。親が子どもの学力を伸ばし、子どもの可能性を広げることによって、日本がもっと明るくて楽しい国になることを期待したいです。

最後に、この本の制作に全力を尽くしてきたぼくの秘書の安藤あゆみさんと、実業之日本社の桑田博之さんに感謝します。お二方の励ましがなければ、この本は計画の段階で終わったに違いありません。

ピーター・フランクル

ピーター・フランクル——Peter Frankl

1953年ハンガリー生まれ。1971年国際数学オリンピックで金メダルを獲得。オトボス大学入学。1977年数学博士号取得。1978年サーカス芸人国家試験合格。1979年フランスに亡命。1988年から日本に定住。ハンガリーの最高科学研究機関であるハンガリー学士院のメンバー。算数オリンピック専務理事。日本ジャグリング協会名誉理事。語学にも長けており、大学で講義できる程度に話せる言語は12ヵ国語。その才能を活かし、今までに100カ国以上を訪問している。人生を楽しくするコツ等をより多くの日本人に伝えたいと、講演活動に力を入れている。Eテレ『マテマティカ』等、出演番組多数。算数数学、学習術から生き方指南まで著書多数。

※本書は『学力を伸ばす「親力」』(2005年9月・小社刊) を加筆修正のうえ、
再編集したものです。

子《こ》どもの学力《がくりょく》を伸《の》ばす「黄金《おうごん》の習慣《しゅうかん》」
今《いま》すぐできる家庭学習《かていがくしゅう》のヒント

2017年3月30日　初版第1刷発行

著　者　ピーター・フランクル
発行者　岩野裕一
発行所　株式会社実業之日本社
〒153-0044
東京都目黒区大橋1-5-1　クロスエアタワー 8階
電話　[編集部] 03-6809-0452
[販売部] 03-6809-0495
http://www.j-n.co.jp/
印刷・製本　大日本印刷株式会社

ISBN978-4-408-45633-1 (第一教育)